EN CON TREI O EMPREGO!

ESTRATÉGIAS E AÇÕES INTELIGENTES PARA VOCÊ OBTER O TRABALHO IDEAL

Caro leitor,

Queremos saber sua opinião sobre nossos livros. Após sua leitura, acesse nosso site (www.editoragente.com.br), cadastre-se e contribua com sugestões, críticas e elogios.

Boa leitura!

Sami Boulos Filho

ENCONTREI O EMPREGO!

Estratégias e ações inteligentes para você obter o trabalho ideal

Gente editora

Diretor-Geral
Henrique José Branco Brazão Farinha
Gerente Editorial
Eduardo Viegas Meirelles Villela
Editor-Assistente
Cláudia Elissa Rondelli
Editor de Desenvolvimento de Texto
Juliana Nogueira Luiz
Editor de Produção Editorial
Rosângela de Araujo Pinheiro Barbosa
Controle de Produção
Elaine Cristina Ferreira de Lima
Preparação
Veridiana Maenaka
Revisão
Lucrécia Freitas
Projeto Gráfico e Editoração
ERJ Composição Editorial
Capa
Le Pera
Foto de capa
Yuri Arcurs/Shutterstock Images
Impressão
Prol Gráfica

Rua Pedro Soares de Almeida, 114
São Paulo, SP — CEP 05029-030
Telefone: (11) 3670-2500
Site: http://www.editoragente.com.br
E-mail: gente@editoragente.com.br

Dados Internacionais de Catalogação na Publicação (CIP)
(Câmara Brasileira do Livro, SP, Brasil)

Boulos Filho, Sami
Encontrei "o" emprego! / Sami Boulos Filho. —
São Paulo : Editora Gente, 2009.

ISBN 978-85-7312-495-8

1. Carreira profissional — Desenvolvimento
2. Executivos 3. Gerência 4. Mercado de trabalho
5. Sucesso profissional I. Título.

09-09558 CDD-650.14

Índices para catálogo sistemático:
1. Carreira profissional : Desenvolvimento : Administração
650.14

Ao meu amado filho Leonardo
e ao eterno amor da minha vida Mara Lúcia.

Sumário

Introdução

O mundo corporativo tem mudado tão radical e rapidamente que a maioria de nós ainda está tentando entender a situação. Há pouco tempo considerado racional e previsível, tornou-se confuso e desprovido de uma lógica compreensível.

Nos últimos vinte anos vivemos processos de fusões e aquisições, *downsizing*, reestruturações, reengenharia etc. conduzidos pelas organizações com o objetivo de sobreviverem em mercados cada vez mais competitivos. As pressões por resultados de curto prazo e as oscilações financeiras, criadas por um mercado globalizado, não têm previsão de esmaecer num cenário futuro.

O conceito vigente na década de 1970 de que as organizações garantem segurança duradoura aos funcionários definitivamente deixou de ser aplicado. A ideia de que bastava oferecer lealdade e muita dedicação à empresa para se obter uma carreira segura e estável até a aposentadoria acabou. Mas por que falar desse cenário de quase quarenta anos atrás? A razão é muito simples: ou você, leitor, faz parte do grupo de profissionais com idade entre 45 e 55 anos, que desenvolveu sua carreira profissional naquela década, ou tem entre 30 e 40 anos, e é descendente desse grupo, tendo sido criado dentro dos conceitos que seus pais viveram nessa época. Portanto, estamos numa fase de transição e assombrados com o que estamos vivendo. Resta-nos a certeza de que esse processo transitório completará seu ciclo quando tratarmos dos jovens que ingressarão no mercado durante a próxima década, ou seja, os filhos dos profissionais de

30 a 40 anos. Você já perguntou a um jovem de 16 anos se ele gostaria de trabalhar numa multinacional logo após a conclusão da faculdade e permanecer na mesma empresa por trinta ou quarenta anos, até a aposentadoria? Você ficaria surpreso (e até chocado) com as respostas.

Atualmente as organizações consideram o direito adquirido e tempo de casa relíquias do passado. O antigo vínculo de dependência empresa-empregado foi substituído pelo da interdependência. Significa dizer que, onde antes havia uma relação chefe-subordinado, hoje existe uma relação de parceria, ou seja, de um lado você, funcionário, como fornecedor de serviços e, de outro, a empresa empregadora como seu cliente.

Diante da redução dos quadros funcionais nos níveis hierárquicos e em toda a estrutura corporativa, os trabalhadores de todo o mundo começam a procurar entender o cenário e as consequências para a carreira. A sua empregabilidade estará garantida somente se você conduzir sua carreira como um negócio e se enxergá-la como um produto no mercado.

Esse novo relacionamento de trabalho, no entanto, também lhe oferece alguns benefícios. Caberá a você selecionar um empregador ou empregadores que lhe ofereçam as melhores oportunidades e recompensas financeiras. Você poderá equilibrar melhor sua vida, entre trabalho e família, optando por eventualmente reduzir as horas de trabalho. Neste caso, sua decisão deve ser seguir uma carreira de consultoria cuja gestão do tempo, na maioria dos casos, está sob o seu controle. Outras carreiras também são alternativas que você possui: como permanecer na carreira corporativa em um novo emprego, abrir seu próprio negócio ou mesmo seguir a carreira acadêmica. Para cada uma das alternativas que o mercado lhe oferece, a decisão sempre será pelo conjunto de competências que você possui, ou que pode vir a desenvolver, e que o posiciona melhor para cada uma das alternativas. Para tanto, você precisa de autoconhecimento para avaliar em qual delas você produzirá melhores resultados.

Se você perdeu o seu emprego neste momento, não cabe agora discutir se as mudanças atuais são corretas ou mesmo justas, o fato é que representam a realidade atual. Quanto mais tempo você ficar se lamentando, ou mesmo negando os fatos, mais tempo será necessário para retomar sua carreira. Comece a considerar que alguns paradigmas podem ser revistos. Para ser bem-sucedido na vida profissional, você não deve pensar apenas em "conseguir um novo emprego". Passe a pensar em como "identificar oportunidades de trabalho", em que suas qualificações serão valorizadas. Os cargos, como os conhecemos, vêm desaparecendo até nas organizações tradicionais. O trabalho do futuro não será representado exatamente pelos conhecidos organogramas, resultantes de descrições de cargos, como vimos no passado. Essa é uma transformação criada pelas próprias organizações, que necessitam ser mais ágeis, de forma a responder rapidamente às mudanças do mercado. É o que entendemos por *dejobbing* ou "eliminação de cargos".

Nessa reestruturação das atividades nas organizações, vemos que a atenção é maior à formação de grupos de trabalhos, inter-relacionais, do que a posições estanques. Os participantes dos grupos não precisam necessariamente estar nas organizações; eles podem vir de fora, como consultores, fornecedores e parceiros. A agilidade que essa configuração traz às organizações, pela capacidade de mobilização, agilidade e diversificação de competências, deve continuar sendo a melhor forma de gerenciar o capital humano para as empresas.

Esses processos de *dejobbing* e a utilização de grupos inter-relacionais geram profundas mudanças na gestão de carreira dos profissionais, cuja responsabilidade passou das organizações para as mãos dos próprios profissionais, de onde nunca deveria ter saído.

Diante desse cenário, é evidente que existem muito menos empregos disponíveis no mercado para o profissional que deseja seguir sua carreira numa organização. Como, então, buscar um novo emprego se eles estão se tornando raros e o número de competidores vem aumentado substancialmente?

Se você estiver achando tudo isso um tanto assustador, console-se com o fato de não ser o único, pois seus competidores também enfrentam a mesma realidade. Este livro tem por objetivo ajudá-lo nesse processo de transição, de maneira a fazê-lo alcançar resultados seguros e eficientes. Afinal, depois de tudo que passou com uma demissão, você não vai querer ingressar numa nova organização e permanecer cinco ou seis meses e se desligar (ou ser desligado) porque não deu certo. Seja porque os valores, tanto da organização como os seus, não eram compartilhados ou porque o trabalho que começou a fazer não lhe trazia satisfação, o vínculo (mais uma vez) se rompeu. Esse fato pode causar um terrível dano em sua autoestima e capacidade de reação. Uma transição não planejada, que conta apenas com a sorte ou o acaso é considerada de altíssimo risco. Saiba que todos nós temos dois problemas básicos com a busca de um novo emprego: primeiro, as contas que se avolumam no final de cada mês. É preciso encontrar um emprego, seja qual for. Ao final do mês, com a chegada do primeiro salário, resolve-se o primeiro problema. Então, já empregado, surge o segundo: "O que eu estou fazendo aqui?".

Portanto, o importante é fazer uma transição consciente, bem planejada, de forma a encontrar a posição que lhe trará muitas oportunidades de crescimento, sucesso e reconhecimento, e não apenas um salário no final do mês.

Vamos aqui tratar como um profissional deveria conduzir seu projeto de transição de carreira, abordar o processo em etapas, que deverão ser conduzidas passo a passo, com reflexões e definições de objetivos em cada uma.

O Capítulo 1 trata da etapa que consiste na análise e avaliação de alternativas de carreira. Um executivo tem pelo menos quatro alternativas, do ponto de vista do perfil profissional, das oportunidades e ameaças de mercado para direcionar sua transição de carreira.

O Capítulo 2 fala da seleção do mercado-alvo para aqueles que decidiram buscar uma nova posição no mercado corporativo. Vamos tratar de como os executivos devem pesquisar e selecionar mercados nos quais suas competências sejam valorizadas. O executivo deve basear-se tanto na experiência profissional quanto na capacidade de realização através de suas competências. Essa estratégia amplia as alternativas de mercado, e todo o trabalho de acesso ao mercado deve ser focado.

O Capítulo 3 aborda a preparação do currículo e referências profissionais. Vale lembrar que o currículo não tem o objetivo de contar a vida do profissional. É uma peça de marketing e, como tal, tem a função de atrair a atenção de quem está contratando, seja um *headhunter*, seja um diretor de recursos humanos de uma organização. Neste capítulo apresentaremos as melhores práticas de como preparar um currículo profissional e, principalmente, o que deve e o que não deve ser feito com ele.

A partir deste momento, você já estará pronto para desenvolver sua estratégia de marketing individual, que será abordada no Capítulo 4. Vamos ajudá-lo a definir para onde deve encaminhar o currículo e a elaborar sua estratégia de abordagem às consultorias em *Executive Search*. Lembramos que existem, apenas em São Paulo, cerca de 100 empresas profissionais e bem conceituadas em *Executive Search*, também conhecidas como *headhunters*. Na hora da escolha, é importante identificar quais delas atuam nos mercados-alvo e estão de acordo com o seu perfil. Neste capítulo também vamos orientá-lo sobre sites de busca, em quais você deve ou não expor suas informações profissionais. Nessa etapa, também trataremos da maior e mais dedicada atividade que o profissional desenvolverá: o *networking*. Estatísticas confiáveis das consultorias em *outplacement* indicam que mais de 70% das oportunidades não estão visíveis à maioria dos profissionais que buscam emprego. Elas estão ocultas, pois estão na rede de relacionamentos. Nesse momento, revelaremos como se desenrola o processo de contratação, por parte do profissional e por parte da empresa, para que você o compreenda corretamente. Apresentaremos soluções consistentes de como construir e manter uma poderosa rede de relacionamentos que apoiará a sua carreira, atraindo oportunidades não apenas no momento de transição, mas também ao longo dela. Detalharemos a estratégia de abordagem à rede de relacionamentos no momento em que se busca um novo emprego, o que não significa sair por aí pedindo uma nova colocação. Isso porque nenhuma empresa vai contratá-lo apenas por você estar buscando uma nova posição no mercado, mas por conhecer suas principais competências e histórias de sucesso.

No Capítulo 5 serão discutidas a comunicação oral e a escrita. A finalidade da comunicação escrita (currículos e cartas) no processo de busca de uma nova posição é criar a oportunidade para a comunicação oral (entrevista). Selecionadores de currículos, diretores de recrutamento e profissionais de RH são bombardeados com milhares de cartas de candidatos a empregos. Se você quiser se destacar na multidão e conseguir uma entrevista pessoal, sua carta precisa ser excepcional. Este capítulo apresenta algumas diretrizes e ideias para captar a atenção do leitor e transmitir de maneira eficaz sua habilidade de redação.

O Capítulo 6 detalha de que forma o profissional deve se preparar para um processo de entrevista. As atividades já descritas têm como objetivo principal gerar entrevistas de emprego, seja com *headhunters,* seja com a empresa contratante. Portanto, a entrevista é o momento-chave para o sucesso da contratação. Você deverá saber conduzir a conversa de forma a relatar suas principais competências, fundamentadas em histórias de sucesso. Lembre-se de que a entrevista é a única primeira chance de qualquer candidato num processo seletivo. Seguindo essas etapas e definindo e completando os objetivos de cada um deles, espera-se que as propostas de emprego venham a se concretizar. No Capítulo 6, vamos também ajudá-lo a avaliar as propostas e conduzir o processo de negociação. Abordaremos o processo de avaliação das propostas recebidas, para implantar uma transição de sucesso, e os caminhos de condução de uma negociação salarial, sem que o processo se torne uma barganha, desvalorizando o indivíduo.

Diante de tantos escândalos envolvendo profissionais e empresas, como Enron e Arthur Andersen, o Capítulo 7 traz uma reflexão sobre a importância de desenvolver a competência societal ou relacionamentos com os grupos que podem ser ou são afetados por suas decisões corporativas.

Este livro tem, portanto, o objetivo de lhe dar um impulso importante na condução de sua carreira, ajudando-o a reconhecer e compreender as novas oportunidades de trabalho, ensinando-o a localizar os potenciais empregadores, aqueles que realmente valorizem suas competências e partilhem de seus valores e, finalmente, ajudando-o a vencer a difícil fase na vida de todos os profissionais, que é a de buscar uma nova posição no mercado.

Capítulo 1

Análise e avaliação de alternativas de carreira

Em minha atividade profissional, mais precisamente no contato estreito com executivos de diversas organizações, a pergunta que sempre me permiti fazer a eles tem sido: Por que você chegou a essa posição em sua carreira? Essa mesma pergunta poderia ter desdobramentos, de maneira a compreender se o lugar a que chegaram era exatamente o que haviam planejado, baseados num autoconhecimento acurado, levando em consideração suas principais competências, ou se foi por puro acaso.

Quantas vezes deparamos com alguém que se mostra infeliz com seu trabalho ou mesmo com a carreira profissional que vem conduzindo? Costumo dizer que o profissional passa a viver a síndrome do *Fantástico*, ou seja, no domingo à noite, ao ouvir a música do *Fantástico*, ele começa a chorar copiosamente por lembrar que no dia seguinte deverá retornar ao local de trabalho. Seria cômico, não fosse tão trágico.

Lembro-me de uma vez ter recebido em meu escritório o presidente de uma multinacional francesa, com operações no Brasil. Um sujeito jovem, com cerca de 40 anos, se completos, que me contou sua rotina profissional. A responsabilidade do cargo o obrigava a passar seis meses na França e uns dois meses no Brasil, retornar à França por mais seis meses e assim por diante. Essa rotina já contabilizava alguns anos e, segundo ele, estava acabando com seu segundo casamento; o primeiro já havia sucumbido. Lembro-me bem de quando me disse que sua maior tristeza era não conseguir estar com a filha, de apenas 2 anos, e de como sentia que sua vida não estava caminhando conforme planejara. Foi quando então lhe perguntei qual o plano que havia falhado. A conclusão é que o plano nunca fora desenvolvido, as coisas apenas chegaram àquele ponto pelas circunstâncias corporativas, pelas promoções que recebeu e, obviamente, por muito trabalho e dedicação da parte dele. Mas a questão é que ele não estava feliz com sua vida e chegou a considerar a mudança de emprego, mesmo que recebesse um salário bem inferior, mas que lhe proporcionasse condições de estar com a família.

De outro ângulo, tendemos a acreditar que alguém que atinja o cargo maior numa organização, recebendo entre salários, benefícios e bônus em torno de R$ 1 milhão por ano, é uma pessoa perfeitamente realizada e feliz. Não é bem assim nem podemos generalizar. É provável que o equívoco da escolha da carreira, para a maioria de nós, tenha origem ainda no final do ensino médio, quando o jovem precisa tomar a decisão de qual curso escolher no vestibular.

É bem verdade que o sistema de ensino brasileiro não favorece o indivíduo a tomar uma decisão quanto à carreira quando ele se sentir maduro para fazê-lo. Aos 16 ou 17 anos, o jovem tem de decidir se será médico, engenheiro, advogado ou exercerá qualquer outra das 552 profissões registradas atualmente no Ministério da Educação (MEC). Talvez esse cenário de incertezas quanto ao futuro profissional e ao que mais gostaria de fazer explique o fato de 60% das matrículas em universidades públicas e privadas do país serem no curso de Administração de Empresas, pois, ao concluir os quatro anos de graduação, o profissional poderá aperfeiçoar-se em finanças, marketing, logística, recursos humanos, vendas etc., e tomará essa decisão provavelmente com a ajuda de um programa de *trainee* ou de estágio, quando estiver um pouco mais maduro como pessoa e profissional.

Mas todo esse raciocínio só é válido se você decidir seguir uma carreira corporativa, em uma organização. Se olharmos do ponto de vista das possíveis carreiras que um profissional pode construir, além da corporativa, podemos listar a consultoria, o empreendedorismo e a carreira acadêmica. Além destas, a artística e a pública também devem ser consideradas, mas não serão objeto de análise deste livro. O que define se um profissional terá ou não maior sucesso (aqui não vamos discutir a dimensão do termo *sucesso*, pois varia de pessoa para pessoa) não está na análise do ponto de vista das carreiras e das oportunidades que essas poderão trazer, se ganhará mais ou menos, mas sim do ponto de vista das competências exigidas do profissional. Quero dizer, não se escolhe uma carreira pensando em seu retorno financeiro ou porque está na moda. A remuneração é importante, sem dúvida, mas veja o exemplo do presidente da multinacional francesa. O problema dele não era remuneração, mas sim satisfação com sua vida como um todo. A carreira de um presidente, qualquer que seja a organização, é desejável e ambicionada, porém não para aquele sujeito em particular. Os executivos fazem esse questionamento em geral aos 50 anos, quando as finanças estão relativamente equilibradas, os filhos já não são tão dependentes em termos financeiros e seu olhar para a vida, no sentido de longevidade, força-o a questionar se o que vem fazendo é o que deveria fazer, ou melhor, se o legado a ser deixado aqui é o que construiu até o presente momento. Em minhas conversas com alguns executivos, a grande maioria diz, em tom de lamento e desabafo, que quer abrir uma pousada no Nordeste. Isso se parece mais com uma busca de férias remuneradas e merecidas do que a escolha de uma nova carreira profissional. Imaginar-se deitado numa rede de frente para o mar não é a melhor forma de descrever essa atividade profissional. Você pode acreditar que numa pousada não existam problemas com funcionários, administração de estoques, manutenção, taxa de ocupação, retorno sobre o investimento, dentre tantos outros? E gostaria de fazer esse trabalho?

Outro encontro de que me lembro muito bem foi com um ex-presidente de uma multinacional norte-americana do setor automobilístico. Ele fez carreira praticamente naquela organização e, após vinte e oito anos de muito trabalho e dedicação naquela empresa, aposentou-se com o plano de aposentadoria complementar que a empresa oferecia, que incluía uma remuneração vitalícia equivalente ao seu último salário, um pacote de ações que poderia ser convertido em caixa a qualquer momento, além da troca de veículo a cada dois anos por tempo indeterminado, entre outros benefícios. Ou seja, ele se aposentou muito bem. O objetivo de nosso encontro era, juntos, avaliarmos suas alternativas de carreira a partir daquele ponto. Como ele estava naquela época com 62 anos, numa primeira análise, poderia vir a ser consultor daquele setor econômico, membro de conselho de outras organizações ou até investir num negócio próprio. Não começamos o estudo pelas alternativas que cada uma dessas possibilidades poderia oferecer-lhe, mas sim por suas competências, seus atuais valores de carreira e, principalmente, por aquilo que ele estaria disposto a fazer a partir daquele momento. Numa de nossas reuniões em meu escritório, ele começou a colocar alguns parâmetros no que gostaria ou não de fazer. Lembro-me bem do diálogo que tivemos:

– Você imagina quantas pessoas dependiam de mim enquanto eu era o presidente daquela companhia? – ele me perguntou.

– Imagino que muitas pessoas... – respondi.

– Você imagina que tipo de pessoas vinha me procurar? Presidentes de outras empresas, executivos de outros países, políticos, pessoas realmente influentes que me procuravam para ouvir minhas opiniões e solicitar aprovações? – continuou.

– Imagino... – eu disse.

– Você imagina o nível de autoridade para investimentos que a matriz me outorgava? – continou.

– Imagino que tenha sido de milhões de dólares... – respondi.

– Você acredita que meu sonho hoje seja montar uma franquia que venda pão de queijo para supervisionar da moça que assa os pães ao entregador que vai levá-los? – questionou.

Senti naquele momento que o que estava em jogo não era quanto representariam as receitas de um negócio como esse em suas contas pessoais, mas sim qual o prestígio, a que estava acostumado, esse negócio lhe traria. Muito pouco, quando comparado ao que tinha.

Depois de estudarmos principalmente seus valores de carreira e seu perfil profissional, acredite, seu próximo passo foi ser presidente de uma grande montadora de veículos, e está até hoje à frente dessa empresa.

O ponto de partida, portanto, é um processo do autoconhecimento, ou *assessment*, que vai ajudá-lo a identificar, a partir das suas principais competências, seus valores de carreira e de seu perfil profissional e qual carreira você está apto e disposto a desenvolver. Isso não significa que, ao escolher a mais adequada, você não enfrentará problemas ao longo da vida, afinal ninguém veio a este mundo para passar férias, mas o importante é saber se você reúne as competências e o perfil necessários para enfrentá-los adequadamente. Numa analogia simples: se você é um peixe, procure uma carreira nos rios ou mares – não tente voar como um pássaro. Você encontrará muitos obstáculos mesmo nos rios e mares, como tubarões e redes de pescadores, porém terá a seu favor as competências necessárias para enfrentá-los, como nadadeiras e a capacidade de respirar embaixo d'água.

Portanto, não inicie uma carreira, nem faça uma transição, sem que tenha as seguintes questões plenamente respondidas:

- Quais são minhas aptidões, habilidades e áreas de competências? Em que realmente sou bom e o que me ajudará na construção da carreira profissional?
- Quais são meus pontos fortes e quais devo desenvolver? Reúno as condições necessárias para que possa desenvolver novas competências? Quem poderá me ajudar nesse processo?
- Qual minha verdadeira motivação, o que me faz seguir em frente? O que me leva a sair para o trabalho todos os dias com entusiasmo?
- Quais são minhas principais necessidades, estímulos e objetivos de vida?
- O que espero da vida ou o que desisti de querer – seja por não almejar mais ou por ter alcançado um ponto na autopercepção que não me faz desejar isso mais?
- Quais são os meus valores – o que guia meus passos e são os padrões de julgamento que faço de tudo e de todos?
- Trabalho hoje numa organização cujos valores estão alinhados com os meus ou ocupo apenas uma posição em que vejo meus valores sendo confrontados continuamente?
- Como me sinto com o que faço hoje? Orgulhoso dos resultados que alcancei após um dia estressante ou sinto vergonha de chegar em casa e olhar para minha família?
- Quais foram os principais resultados que alcancei em minha carreira até o momento? São resultados mensuráveis? Eles comprovam e estão relacionados com minhas competências?

Após alguns anos de experiência de vida é possível atingir esse autoconhecimento. Ele se inicia na juventude e na fase de formação educacional e amadurece após uns dez anos de carreira profissional. Isso se, ao longo da carreira, tiver a oportunidade de receber adequado *feedback* de seus pares e superiores. Você não encontrará necessariamente esse suporte, então deve recorrer a consultorias honestas em gestão de carreira, que poderão ajudá-lo numa avaliação e contribuir para que sua decisão seja tomada de forma estruturada e fundamentada, e não pelo acaso. Antes de contratar qualquer consultoria, verifique sua idoneidade, pesquise com ex-clientes, veja se não há reclamações em **órgãos** públicos de **proteção** ao consumidor etc.

A seguir, as carreiras e as principais competências exigidas:

• **Consultoria** – Se sua opção for por seguir a carreira da consultoria, é necessário que possua fundamentalmente duas competências: promover seu trabalho, ou seja, vender; e gerenciar diversos projetos ao mesmo tempo, já assumindo que tenha o conteúdo necessário do produto/serviço que oferecerá ao mercado. Esse conteúdo poderá formar-se tanto pela experiência adquirida ao longo da carreira quanto por aquisição de conhecimento em cursos específicos. Sua consultoria pode assumir formato individual, em que você vende e entrega o produto/serviço; de parceria com outras consultorias já estabelecidas, em que seu papel pode ser tanto venda como entrega, de combinação das duas competências; ou, ainda, como funcionário de uma consultoria, em que sua função poderá ser vender, entregar ou ambas. Esses dois últimos formatos são muito adequados para aqueles que nunca trabalharam com essa atividade e, participando dos negócios e projetos de outras consultorias, poderão aprender a desenvolver esse trabalho, seus processos e suas rotinas. Numa representação gráfica teríamos nessa carreira os seguintes caminhos:

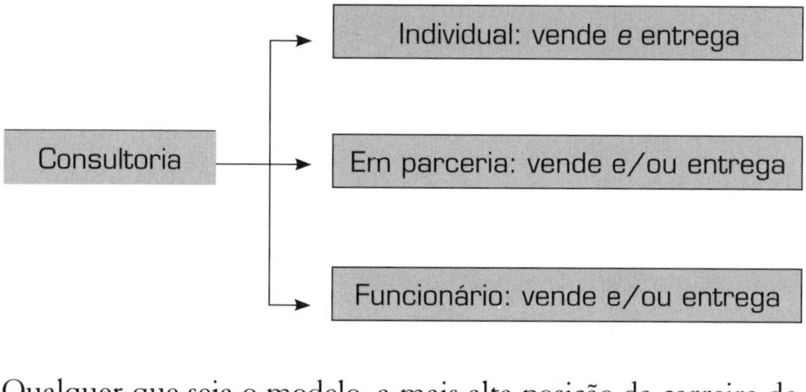

Qualquer que seja o modelo, a mais alta posição da carreira de consultoria é a de sócio. Se não desenvolver sua competência na venda dos produtos e serviços, caso não a tenha, poderá tornar-se um grande e respeitado diretor de consultoria, mas não sócio, já que este tem como primeira responsabilidade a venda. Isso explica por que alguns executivos de grandes consultorias não são promovidos a sócios (*partners*). Eles são bons na entrega e gestão dos projetos, porém não possuem a competência da venda e aí veem a carreira estacionada.

Lembro quando uma advogada sênior, que trabalhava havia mais de dezessete anos num dos maiores escritórios de advocacia do País, me procurou. Estávamos no primeiro trimestre daquele ano. Sua história de sucesso, que foi me contando aos poucos durante nossa conversa, a destacava entre seus pares daquela consultoria. Ao longo desses anos de trabalho, ela veio crescendo exponencialmente, recebendo promoções merecidas pelas soluções criativas e inteligentes que oferecia aos clientes do escritório. Porém, ela sentia que o momento para se tornar sócia do escritório já havia chegado por duas vezes nos últimos dois anos e o fato não tinha se concretizado. Quando começamos, juntos, a avaliar o processo de promoção e indicação a sócios daquele escritório, concluímos que não se diferenciava dos demais escritórios de consultoria, seja da área tributária, recursos humanos, advocacia etc. Isso significava que o último passo importante para atingir a posição de *partner* no escritório dependia de uma competência fundamental, que ela não possuía em sua história: venda dos serviços oferecidos. Ela reconhecia que não reunia as habilidades necessárias para atuar nessa atividade. Sentia-se um pouco tímida, apesar de segura em seus conhecimentos quanto aos benefícios dos produtos e serviços da empresa, mas não se sentia confortável nem tinha coragem em sair por aí oferecendo os serviços para as empresas.

Digo sempre que nós, como profissionais, temos ou não determinadas competências. Se não as temos, podemos ou não desenvolvê-las. Não conseguimos desenvolver *todas* as competências, uma vez que somos limitados como seres humanos. A carreira dessa advogada, naquele escritório, havia estacionado sem que ela atingisse o cargo mais elevado.

No entanto, não basta ter excelente competência na venda para ser bem-sucedido nessa carreira. O consultor, diferentemente do executivo de uma organização, é quem passa credibilidade para o cliente. Se você é executivo de uma grande multinacional, ou seja, se o seu sobrenome e o nome da organização se confundem, todas as promessas feitas aos clientes serão garantidas pela própria organização, e não por você. Até porque, se você deixar a empresa, todos os acordos conduzidos serão respeitados pela organização por meio de seu substituto.

Na carreira da consultoria, seja qual for a modalidade, é você quem deve transmitir segurança, confiabilidade, conhecimento do problema e capacidade de solucioná-lo. Obviamente, como consultor de um grande escritório, o nome da organização pode ajudá-lo, mas fundamentalmente é com você que o cliente inicia o relacionamento e de quem espera ter as soluções. É permitido, na condução dos trabalhos, delegá-los a novos integrantes para que busquem soluções, porém é com você que o cliente irá se relacionar. As organizações que contratam consultoria, em sua maioria, queixam-se de serem recepcionadas pelos sócios seniores no momento da venda, mas terem a entrega dos serviços realizada por um grupo de jovens consultores, conhecidos como pica-paus, que fazem todo o trabalho em suas dependências. Os clientes não gostam dessa atitude, e as consultorias e os consultores devem ter isso em mente.

- **Empreendedorismo** – Essa carreira tem como principal competência a capacidade de investir o capital no risco inerente a um negócio, sabendo que seu dinheiro poderá desaparecer como consequência do próprio negócio. Você já imaginou sua rica poupança, resultado de anos de trabalho, de repente virando pó? O empreendedorismo não é desprendimento do dinheiro, mas sim uma forma de vê-lo como meio de gerar negócios e não um fim em si mesmo. Dizer que os empreendedores não temem o risco é um erro de interpretação e percepção gravíssimo. Os empreendedores de sucesso são os que mais temem o fracasso e a possibilidade de perderem o capital. A diferença está na capacidade de avaliarem os riscos melhor e mais acertadamente que a maioria das pessoas. Essa é outra competência necessária para o sucesso nessa carreira. Se você chegar à conclusão de que essa é sua carreira, isso não significa que poderá empreender qualquer negócio, pois a escolha deste é de vital importância. Ele tem de ter alguma afinidade com suas experiências profissionais, seus interesses e valores.

Certa vez um ex-diretor de tecnologia de uma empresa alemã me contava que estava em busca de uma nova posição no mercado corporativo. Disse-me que, assim que foi desligado da organização, investiu o capital recebido em duas lojas de alimentação, uma localizada num shopping de grande movimento e outra na rua. Como a franquia estava muito bem estruturada, ela lhe propiciava todo o apoio necessário para que as lojas produzissem os resultados esperados e apontados na análise de retorno sobre o investimento (ROI) efetuado antes da compra. Ele me contou que se sentia inútil, pois não se imaginava trabalhando atrás do balcão, preparando os alimentos e servindo os clientes. No auge de seu ócio, começou a desenvolver um novo sistema de gestão das duas lojas, que se mostrou mais adequado do que o oferecido pelo pacote da franquia e, ao final, acabou vendendo ao franqueador os direitos do uso da nova ferramenta. É um sucesso até hoje. O que temos nesse exemplo é que o capital dele estava muito bem empregado, porém *ele* se sentia frustrado, não se sentia bem empregado, e buscava uma solução como diretor em outra organização.

Para que você possa escolher corretamente em que negócio investir, comece de onde parou na última atividade profissional. Por exemplo, se estava empregado numa organização como gerente financeiro, procure identificar onde estão as falhas que ocorriam durante sua gestão, seja com os clientes, seja com os fornecedores. É muito provável que encontre ali uma oportunidade de produtos ou serviços que você, uma vez familiarizado com o ambiente, possa criar e passar a fornecer. Talvez você não queira jamais retornar à sua área de atuação anterior, porque ela o tenha desagradado ou porque você não tenha se identificado com ela. Nesse caso, o exercício de busca de uma oportunidade deve ser mais amplo. Inicie com uma lista das coisas que você gostaria de fazer. Depois, analise essa lista, observando, dentre os itens, o que realmente você faz muito bem e o que o diferencia dos demais. Por fim, nessa lista mais resumida, analise por qual serviço você seria bem remunerado.

Quando analisamos do ponto de vista da experiência acumulada pelo profissional, não nos preocupamos que a idade avançada ou, como prefiro chamar, a senioridade rotule algumas das alternativas de carreira. Todas as carreiras beneficiam-se ou não com a senioridade. Por exemplo, se você está na carreira corporativa, percebemos que grandes organizações estão reduzindo o tempo em que os funcionários devem aposentar-se. Essa idade já foi de 65 anos na década de 1980 e agora fica entre 55 e 60. É curioso porque a expectativa de vida no Brasil (e em todo o mundo) vem aumentando e hoje está em 84 anos para mulheres e 78 anos para homens. De qualquer forma, nessa carreira você caminha até o limite onde deve deixá-la, queira ou não, esteja se sentindo saudável ou não. É uma característica da carreira corporativa. Na carreira da consultoria, digo que, quanto mais brancos os cabelos, maior é o valor dos honorários que deve cobrar pelo trabalho. Isso também vale para a carreira acadêmica e para o empreendedorismo.

Recentemente participei de uma reunião de mestres e doutores em uma universidade e me surpreendeu como os professores com 70 ou 75 anos de idade são valorizados e reverenciados no meio acadêmico. Como ingressei recentemente nessa carreira, do alto dos meus 50 anos, senti-me um iniciante com um longo caminho a percorrer. Bom saber disso, não acha?

Essa reflexão nos leva à conclusão de que a escolha da carreira não acontece apenas uma vez na vida, logo após o bacharelado. Ela ocorre em diversos momentos, quando nos sentimos infelizes com o que fazemos, quando perdemos o emprego, quando nosso negócio não deu certo e inflamos as estatísticas do Serviço de Apoio às Micro e Pequenas Empresas (Sebrae), ou quando surge aquela vontade de mudar de vida.

• **Acadêmica ou docência** – No processo de avaliação de perfil, utilizamos uma importante ferramenta para compreendermos as âncoras de carreira, ou seja, a combinação de áreas percebidas de competências, motivos e valores, das quais não abrimos mão e que representam nosso próprio eu. Schein[1] e Delong foram os pesquisadores que, entre 1979 e 1982, conduziram o trabalho de pesquisa para identificação dessas âncoras ou "pontos de referência profissional". Uma dessas âncoras – "vontade de servir, dedicação a uma causa" – tem se mostrado a mais relevante nos profissionais que se identificam com a carreira acadêmica. Isso porque escolhem essa profissão pensando nos valores fundamentais que desejam incorporar ao trabalho. De acordo com os autores, "eles se norteiam mais por esses valores do que pelas suas verdadeiras aptidões ou áreas de competência. Suas decisões profissionais baseiam-se no desejo de melhorar o mundo, de alguma forma" São profissões de assistência ao próximo, como medicina, enfermagem, trabalho social, além da acadêmica, entre outras. Se sua principal âncora de carreira não for "vontade de servir, dedicação a uma causa", a carreira acadêmica se tornará apenas a correção de dezenas de provas, o que, convenhamos, é muito desgastante. O prazer está em ver o brilho nos olhos dos alunos a cada nova informação e, ao final do curso, perceber quanto cresceram, desenvolveram-se e tornaram-se profissionais melhores com a sua ajuda. Poder ouvir dos alunos "você foi o melhor professor do nosso curso" não tem preço.

O ingresso para essa carreira tem como ponto de partida o mestrado acadêmico. É nessa formação que surgirá o pesquisador crítico que existe dentro de cada um de nós. Agregamos conteúdo fundamental, aquele que formará a base de nosso conhecimento, para que, então, possamos

[1] SCHEIN, Edgar H. *Career anchors – Discovering your real values*. Jossey-Bass Pfeiffer, San Francisco, 1990.

nos preocupar com o desenvolvimento das habilidades docentes, o processo de aprendizagem e o papel do professor em sala de aula. Não pense que sua experiência profissional é suficiente para ingressar nessa carreira. Atualmente as principais universidades brasileiras utilizam apenas 2% de professores convidados em seu quadro de docentes, ou seja, sem a titulação de mestre ou doutor. São executivos de sucesso convidados para contribuir com suas experiências, de forma a validar o que se aprende em sala de aula e o que se pratica no mercado.

Essa carreira apresenta algumas características específicas. A área acadêmica gira em torno da produção de conhecimento que o professor/pesquisador desenvolve e que é, em tese, disseminado no mercado, gerando a interação empresa-universidade. Você pode tornar-se pesquisador e equilibrar suas atividades entre a docência e a pesquisa. Normalmente essas atividades são bem equilibradas do ponto de vista de carga horária. Os pesquisadores são contratados pelo período integral e remunerados de acordo com a Consolidação das Leis do Trabalho (CLT). No entanto, essa carreira também permite que você utilize parte de seu tempo no desenvolvimento de outra carreira em paralelo, qualquer que seja. Você pode dedicar doze ou vinte horas por semana apenas à docência, sem se envolver em demasia com a pesquisa. Isso porque todo acadêmico é valorizado pela quantidade de conhecimento que produz, o que significa dizer que, mesmo concentrando sua atividade apenas na docência, você vai querer escrever alguns artigos acadêmicos e publicá-los em revistas especializadas. Note que no mundo corporativo suas conquistas são os resultados que sua empresa alcança por meio de seu trabalho. Na carreira acadêmica, por outro lado, você é valorizado com o conhecimento e reconhecimento de suas obras.

- **Corporativa** – Essa carreira já foi considerada a primeira opção para todos aqueles que concluem a faculdade. Talvez ainda seja, apesar do processo de redução dos empregos (*dejobbing*) que ocorreu a partir de meados da década de 1980, como resultado de tantas reengenharias e *downsizing* e, mais recentemente, de processos de fusões e aquisições. Para se ter uma ideia do volume desses processos, de acordo com a consultoria KPMG, a partir de 1992 foram contabilizadas mais de 5 mil fusões entre empresas, lideradas pelos segmentos de alimentos e bebidas, farmacêutico e tecnologia da informação. Os setores ainda muito fortemente propensos à consolidação são os de energia, financeiro e o farmacêutico. Se os empregos na forma em que o conhecemos estão reduzindo, o trabalho e as oportunidades vêm aumentando, o que amplia as oportunidades para as carreiras de consultoria ou empreendedorismo. Veja, as organizações continuam fazendo o que deve ser feito para atuarem no mercado, porém estão se concentrando nas atividades que lhes são vitais e consideradas competências essenciais (*core competences*), transferindo aos consultores e às pequenas empresas de serviços uma gama imensa de trabalho. Por exemplo, faz sentido a Volkswagen ter uma padaria dentro da empresa para servir os funcionários? Pois ela já teve uma padaria, onde todos os funcionários que lá trabalhavam eram funcionários da própria montadora, compartilhando do mesmo sistema de gestão de todos os demais funcionários. A padaria continua lá, porém terceirizada, para que o foco da empresa se concentre tão somente na fabricação de veículos. Outro exemplo é o departamento de design das montadoras, considerado o coração do setor, que foi em boa parte do mundo terceirizado, de onde surgiram dezenas de escritórios de design com especialização em automóveis.

Se você decidir seguir uma carreira corporativa são muitas as variáveis que deve considerar. Faz muita diferença trabalhar em organizações norte-americanas, europeias, asiáticas ou brasileiras, bem como em organizações de porte médio, pequeno ou grande. Todas as organizações podem oferecer-lhe uma carreira profissional. Não existe a melhor ou a pior, do ponto de vista de mercado ou do que ela lhe pode oferecer. Existe, sim, aquela para a qual seu perfil está mais adequado. Então, como definir qual dessas incontáveis combinações é a mais apropriada a você? Como já disse, isso deve partir de seu perfil profissional. Se você é uma pessoa que toma as decisões rapidamente, corre riscos, ouve sua equipe e quer soluções implantadas de imediato, então as organizações menores, com menos níveis hierárquicos, podem ser mais adequadas. Numa grande organização, com diversos níveis de reporte, muitas vezes localizados em diversos pontos do globo, o processo decisório é compartilhado e amplamente discutido. Nesse caso, seu perfil deve ser de negociador, estrategista nos relacionamentos, mais paciente com o desenrolar dos fatos e das soluções. Deve-se também levar em conta a cultura e o ambiente das organizações. Uma empresa norte-americana busca resultados de curto prazo para a maioria de suas iniciativas de mercado. São mais arrojadas, empreendedoras e arriscam mais. O clima interno é de elevada pressão por resultados e todos os funcionários partilham desse cenário. Você deve sentir-se bem trabalhando sob pressão e entender que o ambiente em que atua é dessa forma. Em contrapartida, as empresas alemãs, por exemplo, entendem o investimento como algo a ser recuperado no longo prazo, na maioria de suas iniciativas. Esses investimentos possuem um tempo de maturação para seu desenvolvimento, bem superior ao das organizações norte-americanas. A competição interna é mais branda, e há um cuidado em respeitar os espaços ocupacionais de cada funcionário.

Não há empresa certa ou errada, como já foi dito, mas em qual ambiente você produz melhores resultados. Você poderá utilizar diversas fontes para identificação dessas organizações, porém as melhores são os contatos internos que pode descobrir. Marque um encontro com um desses contatos, que tenha sido originado de sua rede de relacionamentos, para conversar sobre essa empresa. Identifique seu estilo de gestão dos negócios e de pessoas, seus pontos fortes e fracos, tanto em termos de mercado quanto de gestão de pessoas. Procure saber se o modelo de gestão de pessoas adotado pela empresa tem sido colocado em prática em comparação com o discurso das políticas de RH. Outro fator importante é saber qual o desempenho dessa organização no cenário mercadológico. Se ela está crescendo ou encolhendo, quais são seus principais produtos, clientes etc. Aconselho sempre aos profissionais que, antes de aceitarem uma proposta de trabalho, façam todas essas análises e observem as pessoas que entram e saem do portão principal da empresa. Qual o perfil delas? Elas se parecem com você, têm algo em comum? Como se vestem? Que tipo de carro elas têm? Dessa forma, quando você começar a trabalhar ali, não estranhará as pessoas a sua volta e, melhor ainda, se identificará com elas.

Após quatro meses de busca de uma nova posição no mercado, uma executiva do setor de tecnologia recebeu duas propostas de grandes empresas para gerenciar grupos de contas. Ela ocupava a posição de gerente de contas em seu último emprego, e estávamos trabalhando juntos em seu projeto de transição de carreira. Esse projeto contemplava uma fase em que o profissional negociaria as condições de contratação com a empresa. As duas propostas apresentavam uma diferença de 15% na remuneração total (*total compensation*). Não focamos a vantagem financeira, mas, sobretudo, o estilo das empresas. A primeira delas era uma empresa norte-americana com ambiente corporativo extremamente competitivo. A segunda era uma empresa de capital japonês, muito conservadora e com uma cultura que restringe o crescimento de profissionais do sexo feminino. Concordo que essa restrição, também conhecida como *glass ceiling*, é um fenômeno mundial, porém a cultura das organizações japonesas reforça essa discriminação. A profissional, uma pessoa com grande ambição e defensora de seus direitos, em nossa avaliação, teria muitas dificuldades em continuar seu processo de crescimento profissional nesse tipo de ambiente corporativo. Entendo que 15% de diferença salarial, considerando o nível de salário daquela profissional, pode representar o valor de uma TV de plasma, porém, lembrando a síndrome do *Fantástico*, seria melhor não adquirir o aparelho... Ela decidiu aceitar a proposta da empresa norte-americana, onde está feliz até hoje.

Como as demais carreiras, as competências na carreira corporativa vêm evoluindo com o tempo, principalmente pelas mudanças que as próprias organizações enfrentam no mercado. Iniciativa, dinamismo, facilidade de comunicação e de lidar com números, raciocínio rápido e bom humor foram competências desejadas na década de 1980, por exemplo, e ainda hoje são muito valorizadas. O mercado competitivo desafia as empresas a sobreviverem a mudanças nas políticas governamentais, no acesso aos recursos financeiros, sem falar no avanço da tecnologia e nas características da força de trabalho. Essas mudanças têm representado enorme desafio aos profissionais, que precisam responder às necessidades de crescimento das organizações onde trabalham e às novas competências que lhes são exigidas, como relacionamento interpessoal, liderança, visão estratégica, trabalho em equipe, administração de conflitos, visão de negócio na tomada de decisão e orientação para resultados.

Uma vez identificadas suas competências de forma estruturada, o próximo passo é selecionar seu mercado-alvo, o que veremos no próximo capítulo.

Capítulo 2

Seleção do mercado-alvo

Vimos no capítulo anterior a importância da correta avaliação das alternativas de carreira e, como mensagem central, concluímos que nossa escolha não se baseia naquela que melhor remunera, mas sim em nossas competências, distintas em cada uma das quatro alternativas analisadas. São essas competências que nos proporcionarão condições para enfrentar os desafios da carreira que escolhemos. Lembre-se da história do peixe: se for um peixe, procure mares e rios para seguir seu caminho. Não tente voar, pois você não possui as competências fundamentais para o voo.

Se você optar pela carreira do negócio próprio, ou mesmo da consultoria, necessitará de um plano de desenvolvimento, ou seja, de negócios (*business plan*). Desenvolva um plano, qualquer que tenha sido sua opção.

Lembro-me de um caso que esclarece bem esse ponto. Um ex-diretor de marketing de uma indústria de alimentos, que fora dispensado da empresa, disse-me que estava fazendo consultoria, quando começamos a avaliar suas oportunidades de carreira. Contou-me que outra indústria do mesmo setor lhe havia pedido um plano de comunicação e marketing, tarefa que aceitou. Eu lhe disse, sem procurar contrariá-lo, que ele não estava fazendo consultoria, mas sim um "bico". Não tinha nada contra, até porque nessa fase de transição o trabalho o mantinha ativo, produtivo, em contato com o mercado e, além de tudo, ganhando dinheiro. Mas não era consultoria o que ele estava fazendo, pois se trata de outra carreira, que, como tal, precisa de desenvolvimento e foco, tanto em sua construção como condução. Ninguém nasce consultor, tampouco diretor de marketing. Toda carreira precisa ser construída. O que poderíamos prever ali era que, ao final do trabalho, caso não tivesse encontrado um novo emprego, receberia o pagamento e ficaria sem trabalho novamente. Muitos executivos pensam que a carreira da consultoria é essa montanha-russa do ponto de vista financeiro. Absolutamente. O profissional que constrói uma carreira na consultoria, ou mesmo no negócio próprio, sabe que a gestão do caixa é fundamental e, principalmente, que a gestão do volume de propostas que coloca no mercado (*pipeline*) é crucial para o sucesso dessas carreiras.

No negócio próprio será preciso analisar a concorrência, expectativa de participação de mercado (*market share*), seus pontos fortes e fracos, além de fazer uma previsão financeira que englobe as expectativas de vendas, comparadas às de custos, resultando no lucro esperado e no cálculo do retorno sobre o investimento realizado.

Na consultoria ocorre algo muito semelhante. Você precisa definir seus serviços, quem são seus concorrentes, identificar o valor que seu trabalho agrega ao cliente, baseado em seus diferenciais competitivos, e, além de toda essa análise, estabelecer a distribuição da carga horária de acordo com suas diversas atividades, como: promoção da consultoria, prospecção de clientes, vendas e entrega dos trabalhos (*delivery*). Para cada uma dessas atividades seu plano de negócios deverá contemplar uma nova análise. Por exemplo, em suas atividades de promoção da consultoria, você precisa definir quais as ferramentas que utilizará. Não pense que um anúncio numa revista de grande circulação trará clientes. Não é dessa forma que se vende o trabalho de um consultor. Com isso, quero dizer que deverá promover seu trabalho por outros meios.

Por exemplo, estabelecer o número de palestras que realizará ao longo do ano, a quantidade de artigos que escreverá para jornais e revistas do setor em que atuará, ou ainda decidir se utilizará os serviços de uma assessoria em comunicação para ajudá-lo – o que representa um potencial custo. Essas atividades demandam tempo e dedicação e devem estar contempladas em seu plano de negócios no item promoção.

Isso também vale para a prospecção. Você deve trabalhar com o conceito de *pipeline*. Este é confrontado com o número de contratos fechados, o que denominamos taxa de conversão, e um bom parâmetro para começar a analisá-la é entre 20% e 25%. São suas metas de vendas.

Como o foco deste livro está na orientação para a busca de um novo emprego na carreira corporativa, vamos nos concentrar nesta carreira e naquilo que é necessário para encontrar uma posição que nos deixará satisfeitos e com excelentes perspectivas de crescimento na organização.

O processo de transição de carreira torna-se um fato na vida de um executivo em duas situações: por iniciativa própria, na busca de novas alternativas de mercado para o desenvolvimento da carreira, ou após uma demissão, que o leva a buscar um novo emprego para manter o equilíbrio financeiro. Em ambos os casos, as variações emocionais representam uma ameaça ao equilíbrio necessário durante o processo, sobretudo na segunda situação. Há quem diga que a demissão inesperada assemelha-se à morte de um ente querido. Sentimentos como raiva, frustração, tristeza e sensação de perda podem ser vivenciados nessa fase. Esse momento na vida do profissional representa mais do que a busca de um emprego qualquer, sem que este esteja necessariamente alinhado à sua carreira. Ele deve estar vinculado aos valores, interesses e competências do profissional, identificadas para o novo cargo.

O processo de transição, portanto, tem como princípio responder a uma pergunta que inquieta o executivo em busca de um novo emprego: "Qual deveria ser meu novo passo de carreira?".

As empresas, como entidades vivas, têm seus valores, culturas, momentos e necessidades de utilizar as habilidades dos funcionários para atingir seus objetivos de mercado. Com isso, quero dizer que é possível que não exista o emprego dos sonhos, mas com certeza o executivo terá maiores chances de sucesso e consequentemente maior satisfação, se sua empresa valorizar suas competências e estiver alinhada com seus valores. Caso contrário, vivenciará a síndrome do *Fantástico*.

A transição para um novo emprego é apenas um passo da carreira que, supostamente, o executivo traçou para si assim que iniciou suas atividades profissionais.

O novo emprego deveria valorizar, portanto, três aspectos fundamentais: exigir do profissional as habilidades e competências que ele realmente possui para a condução de suas atividades; colocá-lo em contato com pessoas, assuntos e desafios de que ele realmente gosta e aprecia interagir e remunerar seu trabalho dentro de suas expectativas de vida e de acordo com o mercado. A pior situação que um profissional pode vivenciar é deixar uma organização após seis meses de trabalho, após um processo de transição, porque não deu certo. É extremamente frustrante, e ele passa a se sentir inútil e incapaz de retomar a carreira.

Como, então, é possível evitar essa transição inadequada? A melhor resposta é o planejamento desta passagem, selecionando a organização que deseja trabalhar com base em seu perfil e no perfil desejado pela empresa.

Não pense que essa responsabilidade é só da companhia. Embora você passe por um processo seletivo complexo, com inúmeras entrevistas, a responsabilidade também é sua, se não apenas sua, se considerarmos sua carreira.

Algumas questões precisam ser respondidas, partindo-se de sua avaliação de perfil, de forma a preparar uma lista de empresas que constituam seu mercado-alvo.

A primeira consideração a ser feita é se você pretende continuar na mesma área de atuação ou se esse é o momento de fazer uma mudança de área. Para essa reflexão considere que, se mudar de área, da financeira para marketing, por exemplo, não estará levando consigo suas principais habilidades, aquelas que você construiu e o diferenciaram até agora. Você deparará com concorrentes que já atuam na área e talvez seja necessário reiniciar numa posição inferior. Por exemplo, se você já alcançou a posição de gerente financeiro e pretende trabalhar na área de marketing, talvez tenha de considerar uma posição de um coordenador ou assistente. Não veja isso como uma regressão, apesar de parecer. Considere que está fazendo a transição que mais lhe interessa no momento e que sua carreira tomará outro rumo. Se for correta, a escolha o levará a atuar onde realmente quer e gostaria de estar.

É mais fácil realizar a mudança de área na própria organização em que estiver trabalhando. Isso porque você e suas competências gerenciais já são conhecidas na organização. Você deveria, dessa forma, utilizar o marketing pessoal e apresentar-se àqueles que têm a tomada de decisão na área de seu interesse e possam oferecer-lhe uma chance. Para dar início à carreira em marketing, por exemplo, você pode fazer um curso de especialização na área, em que desenvolverá as competências funcionais ou técnicas, e depois se aprimorar com a própria experiência na função.

Um gerente regional de vendas contou-me que, depois de cinco anos nessa função em uma indústria norte-americana de produtos químicos, não gostaria de continuar na área de vendas, ainda que estivesse atingindo bons resultados, e decidira migrar para o marketing. Ao avaliarmos se deveria deixar a organização, manter-se na empresa ou buscar um novo emprego, chegamos à conclusão de que os cinco anos em que atuava na organização eram suficientes para que muitos tomadores de decisão o conhecessem e tivessem uma clara impressão de suas qualidades como profissional. Ele iniciou, então, um processo de exposição e apresentação de seus planos (marketing pessoal), e, após seis meses, recebeu a oportunidade de ocupar uma vaga na área de marketing, sendo responsável por uma linha de produtos. Concluiu um curso de especialização em marketing e até hoje se mantém na empresa, bastante satisfeito e produzindo grandes resultados.

Caso você opte por permanecer em sua área de atuação, seja por estar disponível no mercado ou por estar insatisfeito com o emprego atual, prepare o modelo ideal da nova situação de trabalho.

Como concordamos que as empresas são organismos vivos, com cultura e modelo de gestão próprios, analise em qual ambiente você produz melhor. São as organizações de origem norte-americana, europeia, asiática, brasileira? Cada uma possui ambientes distintos. Em qual você se adaptaria melhor? Do ponto de vista do tamanho das organizações, seu desempenho seria melhor numa empresa grande, média ou pequena? Observe que, nesse aspecto, como já dissemos, as grandes organizações possuem um processo decisório mais compartilhado do que as pequenas, o que exige habilidade com relacionamentos. Qual é seu estilo na tomada de decisão? Ele é compartilhado com seus pares e subordinados, o que requer mais tempo de compartilhamento e gera um risco igualmente compartilhado, ou você tem o perfil mais centralizador e toma suas decisões mais rapidamente, assumindo todo o risco, valorizado em empresas de pequeno e médio porte? O tamanho da empresa passa também a ser fundamental do ponto de vista do seu modo de agir e tomar decisões.

Apenas com as variáveis de origem e porte da empresa no processo de análise, já se tem um grande número de possibilidades a ser considerado numa transição. Essas possibilidades, no entanto, reduzem-se na análise de seu perfil profissional.

Um diretor de recursos humanos de uma grande rede varejista do segmento de vestuário aceitou o convite para assumir uma posição em gestão do capital humano para a América Latina, numa das maiores organizações coreanas instaladas no Brasil. Parecia que sua carreira havia atingido um patamar novo e desafiador. Após seis meses na nova função, ele me procurou e disse estar insatisfeito com a cultura da organização. Lamentava o fato de ter aceitado porque, em sua opinião, estava indo muito bem na rede de varejo, detinha o poder de decisão em sua área e mudava o curso das políticas organizacionais. Dessa maneira, construía um ambiente colaborativo entre os funcionários e sentia que realmente fazia a diferença com seu trabalho, contribuindo para o crescimento da organização. Tudo isso mudou na cultura da nova empresa. O poder decisório não estava mais em suas mãos, pois era centralizado no presidente da empresa, e seu trabalho se limitou apenas aos processos operacionais. Apesar da exuberância do novo cargo, sentiu que na verdade sua carreira havia regredido, pois não tinha mais desafios. Além de não tomar as decisões pertinentes à função que exercia, o ambiente entre seus pares e o presidente confrontava e muito com seus valores, com situações as quais não estava habituado. Ele havia feito uma transição incorreta, e o resultado foi catastrófico para sua carreira.

Observe que aqui a questão não é se uma organização coreana é ou não um bom lugar para trabalhar, até porque não teríamos empresas gigantes como Samsung, Kia, LG e tantas outras atuando de maneira exemplar no mercado. O ponto de análise é se a cultura e os valores das organizações estão alinhados ao seu perfil profissional.

O trabalho de autoconhecimento produz um grande volume de informações a seu respeito: valores pessoais, motivos e áreas de interesse, características pessoais, do que gosta e do não gosta no ambiente de trabalho e suas principais competências. Com isso, sua avaliação vai proporcionar a conscientização e confiança para tomar uma decisão, se não final, pelo menos preliminar.

Para tanto, pense nos aspectos que compõem o emprego ideal (como alertei, talvez ele não exista, porém será sua medida – veremos este tópico adiante). Vamos relacionar os aspectos tangíveis – salário, bônus e benefícios – e os intangíveis – ambiente de trabalho, profissionalismo das pessoas da organização, inovação, liberdade de agir na tomada de decisão, cultura organizacional e valores corporativos. Os intangíveis são mais difíceis de ser mensurados. O exercício deve levar em consideração os dois lados, uma vez que somos atraídos pelos aspectos tangíveis e deixamos as organizações pelos intangíveis.

Numa lista simples e relevante, temos os dois aspectos para as análises.

Aspectos Tangíveis	Aspectos Intangíveis
Remuneração, benefícios e incentivos:	**Cultura organizacional**
- Salário base	- Estilo gerencial
- Bônus e comissões	- Compromisso ambiental
- Veículo da empresa	- Compromisso social
- Verba para despesas	- Clima organizacional
	- Grau de profissionalismo dos colegas
Perfil da Empresa	- Horários de trabalho
- Tamanho e porte	- Valores esposados
- Número de funcionários	- Trajes
- Faturamento anual	- Trato com a diversidade
- Segmento de atuação	- Integração entre departamentos
- Resultados financeiros	- Processos de comunicação
- Competidores no mercado	- Relacionamento interpessoal
- Diversificação ou especialização	- Condições físicas de trabalho
- Produtos ou serviços que oferece	- Fatores motivadores
- Origem do capital (nacional ou estrangeiro)	
	Tipos de chefes
O cargo	- Incentivador
- Principais desafios da função	- Que dá *feedback* constante
- Estrutura hierárquica	- Que proporciona ampla liberdade de ação
- Nível de responsabilidade	- Que apoia em situações difíceis
- Número de funcionários diretos	- Que tem tolerância com erros
- *Budget* da área sob sua responsabilidade	- Que orienta
	- Que envolve os subordinados nos processos decisórios
Política de Recursos Humanos	
- Sistema de promoção	
- Sistema de avaliação	
- Oportunidades de desenvolvimento	
- Plano de carreira	

Após essa análise, você tem condições de descrever o emprego que está buscando e deve fazê-lo numa folha de papel que irá se parecer com o exemplo a seguir:

Aspectos Tangíveis	**Aspectos Intangíveis**
Cargo - Gerente de marketing, com ênfase nos aspectos administrativos da área, responsável pela gestão de produtos e serviços oferecidos ao cliente **Segmento de mercado** - Indústria de cosméticos, farmacêutica, química fina **Empresa** - De grande estrutura e lucrativa com operações de elevada qualidade de produtos e serviços - Multinacional de origem norte-americana **Remuneração** - Salário igual a R$ 14 mil mensais - Bônus de até 5 salários - Verba de representação - Assistência médica e odontológica extensiva aos familiares - Veículo com valor base de R$50 mil com despesas pagas	**Cultura organizacional** - Desenvolvimento de coesão, pela integração social - Incentivo ao trabalho em equipe - Apoio à gestão participativa - Aberta a ideias novas, liberal - Estímulo à iniciativa própria - Estímulo à criatividade - Filosofia e sistema de valores que apoiem estrutura e controle delegado - Amplo contato e envolvimento com todas as áreas da organização - Ambiente de trabalho aberto, com compreensão de valores, cultura e missão - Equipe gerencial agressiva e com foco em resultados **Tipo de chefe** - Que incentiva a autoestima - Que incentiva a participação - Que proporciona *feedback* constante - Que estimula o autodesenvolvimento - Que delega de maneira coerente e com estilo gerencial justo

Chegamos, então, a um objetivo para sua transição ou ao modelo ideal de sua nova situação de trabalho. Essa é a empresa que você busca e as características listadas servirão de parâmetro para suas análises quando surgirem as propostas de emprego.

Como já dissemos, não existe o emprego ideal. A decisão de aceitar uma proposta deverá se basear nos parâmetros dessa lista. Ao comparar todos os itens, considere o impacto de um aspecto tangível ou intangível com o qual não concorde.

Observe com mais atenção os aspectos intangíveis. Diferentemente de um aspecto tangível, como a remuneração, com o qual você tem um contato mensal (e será depositado em algum banco num determinado dia do mês e você não o verá diariamente), com os intangíveis o contato é diário. O ambiente da organização, as pessoas, os móveis do escritório, o chefe e todos os problemas da função são vistos diariamente e com eles é que você se sentirá satisfeito ou não. Esse será o seu dia a dia.

Capítulo 3

Preparação do currículo e referências profissionais

Neste capítulo apresentaremos as melhores formas de preparar um currículo profissional, orientando sobre estilos e conteúdos e o que deve e o que não deve ser incluído. Lembre-se de que o currículo será um espelho das principais realizações apontadas na avaliação do perfil profissional.

Entenda em primeiro lugar que um currículo não tem o objetivo de contar a vida do profissional. É uma peça de marketing e, como tal, tem a função de atrair a atenção de quem está contratando, seja um *headhunter*, seja um diretor de recursos humanos.

Podemos fazer um paralelo com as organizações de sucesso, que investem tempo e energia no desenvolvimento de catálogos ou brochuras, de forma que apresentem ao mercado suas competências essenciais, aquelas que traduzem o conjunto de conhecimentos, habilidades e comportamentos que impacta nos resultados organizacionais. Essas competências têm valor percebido pelos clientes, diferenciam a organização dos concorrentes (são difíceis de imitar) e aumentam a capacidade de expansão. Seguindo esse conceito, é fundamental que você invista tempo e energia no desenvolvimento de seu currículo, uma de suas principais ferramentas de marketing para a transição de carreira. Ele, porém, é um complemento de seu programa de contatos pessoais (*networking*), mas jamais um substituto, como veremos adiante.

Quando um profissional encaminha um currículo para mim, pedindo que eu o avalie, em geral só posso avaliar o formato, ou seja, a disposição das informações nele contidas. É impossível avaliar se o conteúdo reflete exatamente suas maiores competências e se ali estão descritas suas melhores histórias de sucesso, que comprovem tais competências.

O currículo deve refletir as principais competências, traduzidas nas histórias de sucesso alcançadas na trajetória profissional, pois, logo nas primeiras linhas, o selecionador já deve encontrar os motivos que o levariam a convidar o profissional para uma entrevista. Veja, é uma peça de marketing para atrair a atenção. Muitos acreditam que, quanto maior o número de currículos distribuídos no mercado, maiores as chances de obter uma nova oportunidade de emprego. Isso não é verdade nos dias atuais. Quantos currículos você recebia por semana quando estava empregado? Qual era o destino desses currículos? Arrisco a responder que, na maioria das vezes, você os descartava ou os encaminhava para o departamento de recursos humanos da empresa onde trabalhava. Você não mantinha uma pasta A-Z com todos os currículos recebidos devidamente arquivados, mantinha? Pois então, não encaminhe seu currículo aleatoriamente. É provável que receba o mesmo tratamento.

Imagine a seguinte cena: você liga para um amigo, dizendo que está em busca de uma nova colocação e pergunta a ele se sabe de alguma oportunidade na empresa onde trabalha. O amigo fica numa situação extremamente desconfortável, caso não identifique de imediato a oportunidade. Afinal ele é seu amigo, mas não tem como ajudá-lo nessa solicitação. O que ele faz? Na maioria das vezes responde, constrangido, que não sabe de nenhuma vaga na empresa, mas que de qualquer forma vai encaminhar seu currículo internamente. Você desliga e envia o currículo, certo de que fez uma ação concreta de exposição no mercado, acreditando que seu amigo encaminhará o currículo. Ele, no entanto, enviará seu currículo para a lixeira ou para o departamento de recursos humanos, afinal, para indicá-lo, ele não precisa do seu currículo. Você, na verdade, está transferindo a busca de uma nova posição para seu amigo, o que é errado. Essa busca é exclusivamente sua e não pode ser delegada a terceiros.

Você não quer que seu currículo seja tratado dessa forma, quer? Então, siga este conselho: jamais envie seu currículo para um amigo. Trate-o de uma forma mais adequada.

Vejamos o que os dados da Figura 2.1 nos diz. O gráfico apresenta os canais para recolocação em cargos gerenciais e reflete boa parte dos processos que ocorre nas consultorias de *outplacement* do País.

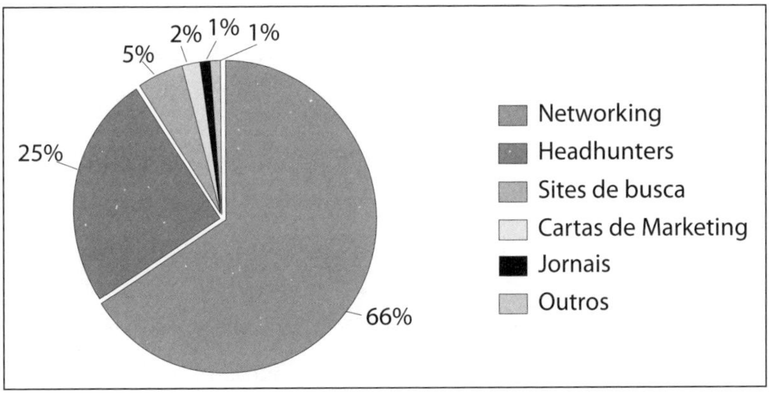

Figura 2.1 Canais para recolocação em cargos gerenciais

Note que o *networking* é responsável por 66% do sucesso na busca de um novo emprego, seguido das consultorias em recrutamento e seleção (*headhunters*), com 25%. Os demais indicadores são pouco significativos, ainda que importantes quando se está em processo de transição. Tanto o *networking* como os *headhunters* deverão receber sua maior atenção e energia durante o processo, sem que os demais canais sejam deixados de lado.

Na década de 1980, o jornal *O Estado de S. Paulo* trazia aos domingos dois cadernos de empregos com 128 páginas. Hoje tem um único caderno com 23 páginas. Apesar de o jornal ainda ser um excelente veículo de comunicação, a maioria das oportunidades de emprego não é mais veiculada dessa forma. Raras vezes, no entanto, há anúncios de excelentes posições gerenciais nos jornais. Por essa razão, recomendo que você ainda mantenha a pesquisa em jornais, principalmente aos domingos.

Temos a tendência de concluir que a rede de relacionamentos deve receber o currículo e, com isso, estamos atuando no canal de maior chance de recolocação. Essa conclusão não está correta. Como já dissemos, jamais envie seu currículo para um contato da rede. A rede deverá receber um tratamento completamente diferente, como veremos no Capítulo 4.

Fica, então, a pergunta: para onde devo enviar meu currículo? Uma resposta pragmática é: apenas para os *headhunters*, que mantêm um banco de currículos utilizado nos processos de seleção e identificação de candidatos.

Primeiro, vamos entender como trabalham os *headhunters*. Ao receber de uma empresa uma oportunidade de contratação, o *headhunter* vai utilizar em primeiro lugar seus contatos mais próximos, aqueles candidatos já conhecidos e que participaram ou não de processos similares. Em paralelo, ele pesquisará em sua base de currículos, alimentada diariamente com currículos encaminhados pelos profissionais. Também anunciará a vaga para as empresas de *outplacement*, como DBM, Right Management, Mariaca, Career Center, Authent, entre outras, que assessoram profissionais em processos de transição, na tentativa de identificar um profissional que se enquadre no perfil desejado. Por fim, solicitará indicações a seus contatos, para que possam recomendar profissionais para aquela posição. Por essa razão, é importante que seu currículo esteja nas bases dos principais *headhunters* do País (só em São Paulo existem mais de 100 consultorias que trabalham de forma muito séria), pois eles certamente vão procurá-lo caso a vaga em que estejam trabalhando coincida com o perfil declarado em seu currículo.

Não se preocupe se inadvertidamente encaminhar seu currículo para um *headhunter* que preste serviços para sua atual empresa, com receio de que ele comente o fato com o departamento de recursos humanos. Quando uma consultoria ética e profissional recebe o currículo de um profissional que faz parte do quadro de funcionários de seu cliente, simplesmente vai arquivá-lo. Esse profissional não poderá ser considerado como candidato, ao que chamamos *"off-limits"*.

Não aguarde um contato formal do *headhunter* após ter enviado seu currículo, pois ele provavelmente não vai retornar (exceção àquelas respostas automáticas feitas pelo CRM da consultoria). Há uma razão para isso. O trabalho do *headhunter* é identificar oportunidades de vagas entre seus clientes, atividade que consome normalmente muito de seu tempo e energia. Uma vez informado da vaga, é muito mais simples no seu trabalho atrair candidatos interessados. Portanto, não o leve a mal, apenas entenda qual a prioridade que possui.

Seu currículo deve ser desenvolvido de forma eficaz, para que o selecionador se interesse por seu perfil e o chame para uma entrevista, ou seja, seu currículo deve estimular o selecionador a querer mais informações pelo contato pessoal. Dessa forma, você não deve descrever tudo a seu respeito, mas o suficiente para que seu perfil seja interessante e pertinente às necessidades do selecionador e aos objetivos de sua carreira.

Os currículos podem ser apresentados de diversas maneiras, mas as duas mais utilizadas são o **cronológico** e o **funcional**.

No currículo **cronológico** você relacionará seus diversos empregos, do último para o primeiro. Se você já ocupa uma posição sênior, com muitos anos de experiência profissional, procure relacionar os empregos dos últimos dez anos aproximadamente. Antes desse período, o mundo era muito diferente do que vivemos hoje, não existia nem internet, portanto muitos dos resultados alcançados nessa época não são representativos. O ideal é concentrar-se nos resultados mais recentes.

Esse tipo também é o mais indicado quando sua carreira foi desenvolvida inteiramente a partir de sua graduação e com suporte dos cursos que tenha realizado de educação continuada, como pós-graduação e MBA. Com isso, você demonstra que sua experiência profissional está alinhada com sua formação e especialização acadêmica.

Veja os dados que o currículo deve conter:

- **Nome completo e dados pessoais**: Inclua alguns dados pessoais, como estado civil, nacionalidade e idade, porém, como se trata de uma peça de marketing, não mencione a idade caso tenha mais de 50 anos. Ela pode ser um item eliminatório. Com isso não quero dizer que os profissionais com mais de 50 anos não tenham chance de encontrar uma nova posição no mercado, até porque nessa fase é muito provável que tenham alcançado um estágio bem elevado na carreira, como diretor ou presidente. O mais importante é que essa informação não limite uma oportunidade de ter um contato pessoal e demonstrar sua experiência e energia.
- **Dados para contato**: Endereço completo, telefones residencial e celular, endereço de e-mail pessoal (jamais de sua empresa, caso esteja trabalhando). Não inclua telefone para recados, pois sugere que você não é fácil de ser encontrado, o que seria um limitador. Veja que o selecionador quer ligar para um número e te encontrar. Pode ser que você esteja ocupado no momento e diga isso para ele, porém o fato de deixar um recado com alguma outra pessoa não é algo que o agrade.
- **Objetivo**: especifique o objetivo da posição que busca ocupar, como gerente de marketing ou gerente financeiro. É possível que queira colocar mais de um objetivo, porém eles devem estar relacionados de

alguma forma, caso contrário o selecionador poderá inferir que não há um objetivo claro e eliminá-lo do processo. Áreas como marketing e finanças são muito distintas e requerem não só competências individuais características como experiências diferentes. Um exemplo possível seria o objetivo de gerente de marketing e comunicação ou ainda gerente administrativo e financeiro. Como as organizações, principalmente de diferentes estruturas, diferem no tocante à nomenclatura do cargo, muitas vezes chamando um diretor de gerente, ou vice-versa, você também pode especificar um objetivo mais amplo, como Posição Sênior na área de Marketing, ou Cargo de Direção na área de Logística, e assim por diante. O importante aqui é sempre definir o objetivo.

- **Resumo das qualificações**: aqui você descreve suas principais competências seguidas das realizações que as comprovam. Essas competências provêm da avaliação de seu perfil profissional, extraídas do Inventário de Realizações. Esse inventário é parte integrante da sua avaliação de perfil profissional (*assessment*) e tem o objetivo de elencar suas principais conquistas na carreira. Para preparar o Inventário, você deve relacionar dez ou quinze atividades de sucesso que teve em sua carreira, começando pelo problema enfrentado, a solução realizada e, finalmente, o resultado alcançado. Procure relacionar, dentre todos os casos, aqueles que são relevantes para seu perfil, que o diferenciam dos demais profissionais e, principalmente, sejam importantes para a função descrita em seu objetivo. Digo sempre que é exatamente nesse momento que o recrutador definirá se segue lendo e avaliando seu currículo ou se o descarta. Portanto, a relevância das competências e, principalmente, os resultados alcançados que as comprovem devem levar o selecionador a chamá-lo para uma entrevista pessoal.

  O resumo deve conter:

  - Sua experiência na função em anos e segmentos de atuação.

  - Os projetos mais relevantes conduzidos por você, com os resultados alcançados (de preferência traduzidos em números, como: redução de custos de x%, aumento de vendas de y%, aumento de participação de mercado de z% etc.).
  - As especializações que fez ao longo da carreira.
  - Sua graduação, se esta for relevante para a função, ou mesmo um diferencial em comparação com outros profissionais.
  - Sua experiência internacional, seja num *special assignment*, de dois ou três anos em outro país, ou mesmo em curtas viagens de negócios.
  - Suas principais competências gerenciais, também oriundas de sua avaliação do perfil profissional.
- **Histórico profissional**: aqui você relacionará todas as empresas onde trabalhou, em ordem decrescente, respeitando o período de dez anos no máximo. Caso tenha tido experiência anterior a esse período, considere apenas listar as empresas, o tempo que permaneceu nelas e os cargos ocupados.

  Essa descrição deverá conter:

  - Nome da empresa com um breve descritivo da organização em termos de faturamento, segmento de mercado em que atua ou outras informações que julgar relevantes.
  - Períodos em que trabalhou e cargos ocupados: mencione o mês e o ano de início e término na função para cada empresa.
  - Resultados alcançados: aqui você deverá ter o máximo de atenção e ser bem objetivo. Alguns dos resultados já foram relacionados no Resumo das qualificações, porém adicione os específicos alcançados em cada função e relativos a cada empresa. Procure apresentar dados numéricos na maior parte dos resultados, não relacionando apenas "esforços" que não obtiveram resultados

concretos e que não possam ser avaliados pelo selecionador. Eles devem representar a diferença que você fez nas empresas e que o torna mais competitivo que os demais profissionais. Você pode tanto se concentrar em áreas de seu maior interesse, justificando seu objetivo de carreira, como ressaltar uma variedade de desafios em diversas áreas.

- Formação acadêmica: descreva o curso que fez, em ordem cronológica decrescente, relacionando o nome da instituição e o ano de conclusão. Caso esteja ainda cursando, coloque o ano previsto para a conclusão. Não mencione aqui cursos de curta duração, como seminários e programas de treinamento. Esses serão relacionados adiante.
- Cursos de especialização: relacione os mais relevantes, que demonstram que você adquiriu conhecimentos que aprimoraram suas competências na área de atuação. É aqui que deve relacionar os cursos de curta duração, porém deve selecionar os mais representativos e que tenham contribuído para o desenvolvimento de suas competências.
- Viagens internacionais: especifique as que tenham sido a trabalho ou para participação em feiras e congressos. Jamais relacione viagens de férias. Um bom formato seria uma simples lista dos países e o propósito de cada viagem.
- Outras informações: neste espaço mencione eventuais participações em associações, representação de entidades, atividade docente (mesmo que como convidado) e trabalhos em entidades sociais, muito valorizados ultimamente. Há uma valorização tácita de profissionais que encontram tempo e dedicação para a ajuda ao próximo. Se você ainda não teve essa oportunidade, procure uma entidade social em que suas competências profissionais possam ser úteis.

- Idiomas: mencione a proficiência em cada idioma. Se ficar na dúvida entre "básico" e "intermediário", melhor não colocar nada. Idioma é algo que se domina ou não, e você deve estar preparado para uma entrevista nessa língua. Quando as empresas fazem exigência de idioma, é porque será necessário à função, portanto, não corra o risco de afirmar que tem domínio sem o ter. Numa entrevista, você poderá ser imediatamente eliminado, além de passar constrangimento.

Vejamos o modelo de estrutura do currículo:

Cronológico

Nome: ______________________ Estado civil: ______________

Endereço: ____________________ Número de filhos: __________

Telefones para contato: ______________________________

E-mail: ____

OBJETIVO: ____

RESUMO DAS QUALIFICAÇÕES

EXPERIÊNCIA PROFISSIONAL

Empresa ____

Descrição das atividades dessa empresa _____________________

Posições ocupada __________________ Período ______________

(Responsabilidades, melhores resultados alcançados, total do budget sob sua responsabilidade etc.)

Empresas anteriores

(a mesma estrutura)

FORMAÇÃO ACADÊMICA

CURSOS DE ESPECIALIZAÇÃO

VIAGENS INTERNACIONAIS

OUTRAS INFORMAÇÕES

IDIOMAS

Vejamos agora alguns modelos de tópicos que compõem essa estrutura:

RESUMO DAS QUALIFICAÇÕES (para um gerente de engenharia)

- Sólida experiência em gestão e planejamento, construção de projetos de expansão de fábricas, com investimentos entre US$ 50 mil e US$ 9 milhões.
- Conclusão com êxito de projetos dentro do prazo e orçamento estabelecidos.
- Implantação do serviço de manutenção e controle dos equipamentos e instalações de produção com budget de US$ 250 mil anuais.

Exemplos da descrição da empresa e do cargo:

EMPRESAS:

Indústria de Moldes Automotivos Diadore – SP

Empresa italiana fabricante de moldes para injeção de peças automotivas com faturamento anual de US$ 40 milhões no País.

Cargo: Gerente Industrial ____________________ 3/2000 a 6/2008

- Assegurei a produção e entrega de todo o fornecimento às montadoras com 98% de pontualidade.
- Elevei o índice de avaliação de 66% para 83% em dois anos da última montadora em que atuei, obtendo autorização para o desenvolvimento de novas peças que resultaram em novas vendas no valor de R$ 5 bilhões anuais.

Delícia – Indústria nacional de alimentos – MG

Empresa nacional fabricante de alimentos lácteos sob a marca Que Delícia, com distribuição em mais de 50 mil pontos de venda e com faturamento anual de R$100 bilhões.

Cargo: Gerente de Marketing ________________ 1/2002/atual

- Aumentei a participação no segmento de mercado de padarias, passando de 16% para 35% em dois anos, com um programa de fidelização e promoção no ponto de venda.
- Desenvolvi quatro novos itens que passaram a compor a família de produtos lácteos para consumo infantil, resultando em R$ 2 bilhões em novas vendas para este canal.
- Criei a campanha "Lácteos para toda a família", com veiculação em nível nacional, fortalecendo o *recall* da marca.

Exemplo de registro da formação acadêmica:

FORMAÇÃO ACADÊMICA

- Pós-graduação em marketing, Faculdade X – 1992
- Bacharelado em administração de empresas, Universidade Y – 1985

Outro modelo de currículo é o **funcional**. Nele, o profissional não lista as empresas nas quais trabalhou em ordem cronológica nem menciona os resultados alcançados. Isso porque o foco desse modelo é exaltar as principais competências baseadas na sua experiência profissional. Esse modelo é mais versátil e é o mais indicado quando você busca retornar a uma atividade que não desempenha há mais de cinco anos, quando sua formação acadêmica não está relacionada à sua experiência profissional ou, ainda, quando possui um histórico de instabilidade (muitas mudanças de emprego em pouco tempo). Também é utilizado quando sua experiência é superdimensionada, e você está procurando posições de menor responsabilidade. Esse modelo ressalta muito mais as suas competências e aquilo que você é capaz de fazer, deixando seu histórico profissional em segundo plano.

Use a mesma estrutura de "Nome e dados pessoais", "Objetivo" e "Resumo das qualificações" utilizada no modelo cronológico, ampliando o último item. Em vez de passar para a "Experiência profissional", destaque as áreas onde atuou, ressaltando os resultados alcançados em cada uma. Note que esse conjunto de resultados será seu grande diferencial nesse modelo de currículo.

Ao concluir essa sessão, apenas descreva as empresas, cargos que ocupou e os períodos de início e saída. Os demais itens do modelo cronológico podem ser utilizados neste modelo funcional.

Vejamos como ficaria a estrutura desse modelo:

Funcional

Nome: ____________________ Estado civil: ____________

Endereço: ____________________ Número de filhos: ____________

Telefones para contato: ______________________________

E-mail: ______________________________

OBJETIVO ______________________________

RESUMO DAS QUALIFICAÇÕES ______________________________

RESULTADOS ALCANÇADOS ______________________________

Cargo/Departamento ______________________________

Cargo/Departamento ______________________________

Cargo/Departamento ______________________________

EXPERIÊNCIA PROFISSIONAL ______________________________

Empresa ______________________________

Descrição da empresa ______________________________

Posições ocupadas ______________________________ Períodos

Empresa ______________________________

Posições ocupadas ______________________________ Períodos

FORMAÇÃO ACADÊMICA ______________________________

CURSOS DE ESPECIALIZAÇÃO ______________________________

VIAGENS INTERNACIONAIS ______________________________

OUTRAS INFORMAÇÕES ______________________________

IDIOMAS ______________________________

Os resultados alcançados que você relacionará nessa estrutura são basicamente os mesmos do modelo cronológico, porém sem os relacionar às empresas, mas sim aos cargos ocupados e aos departamentos. O importante aqui é demonstrar suas competências profissionais, funcionais como gerenciais.

O objetivo foi orientá-lo quanto às melhores formas de elaboração de um currículo, porém sempre restam dúvidas do que pode ou não ser mencionado nesse material. Há erros raros, mas que ainda ocorrem, como o de uma gerente de comunicação, que havia saído de uma agência de propaganda e estava em busca de uma nova oportunidade. Ela me ligou, pedindo que analisasse seu currículo. Logo que recebi e abri o currículo da gerente, vi estampada sua foto. Embora a profissional fosse muito bonita, convenhamos, a foto não será o diferencial, a menos que ela estivesse procurando uma vaga de modelo ou artista. Você pode ponderar que a inclusão de sua foto servirá para as empresas que restringem o recrutamento de profissionais que fazem parte de grupos minoritários, como negros, mulheres, portadores de deficiência física etc. Atualmente, é inegável que cada vez mais organizações vêm se ajustando para incluírem um número maior de representantes desses grupos em seus quadros, não por força da lei que protege os grupos minoritários, mas por considerarem a inclusão uma vantagem competitiva, uma vez que representam os mercados onde atuam. Se você pensou em enviar seu currículo com foto para uma organização que mantém restrições aos grupos minoritários, asseguro que não deveria procurar emprego numa empresa como essa, pois os problemas que ela certamente possui ultrapassam a barreira da diversidade.

Vamos ver o que jamais deve ser inserido no currículo:

- Foto.
- Dados como peso, altura, raça.
- Dados de documentos.
- Referências profissionais.

- Carta de referência emitida por ex-empregadores.
- Abreviaturas.
- Parágrafos muito longos.
- Salários e benefícios recebidos, bem como pretensão atual.
- Data e assinatura.

Além desses erros, outras falhas são observadas pelos selecionadores, como:

- Não incluir resumo de suas principais competências.
- Não relacionar realizações.
- Definir objetivos em áreas nas quais claramente não possui as devidas qualificações.
- Erros de ortografia (imperdoáveis).
- Formato inadequado, sem alinhamento, com borrões, papel colorido e aparência desleixada.

Concluímos, portanto, o currículo. Como dissemos, ele será uma peça importante em seu processo de exposição no mercado com os *headhunters* e sua rede de relacionamentos. Porém, antes de iniciar sua campanha de exposição, é importante que suas referências profissionais saibam claramente quais são seus planos de transição e a importância que as informações fornecidas a seu respeito desempenham nesse processo. As empresas vão buscar essas informações com seus chefes, subordinados e pares das organizações onde tenha trabalhado. Isso é praxe, principalmente em cargos acima dos gerenciais.

Por essa razão, leia atentamente este capítulo e só então inicie sua exposição.

Em geral os selecionadores fazem as seguintes perguntas à sua lista de referências:

- Quais foram as suas responsabilidades e o cargo ocupado?

- Tinha bom relacionamento com os demais funcionários?
- Tinha iniciativa?
- Quais os pontos mais relevantes de sua personalidade? Era uma pessoa de fácil relacionamento?
- Quais são os pontos mais fortes? E os mais fracos?
- Qual era o pacote de remuneração que a empresa oferecia?
- Por que deixou a empresa? Você o contrataria novamente?

Todo desenlace nos traz algum trauma e, por consequência, devemos nos preparar para que esses acontecimentos passados não repercutam negativamente em nossos projetos futuros. Como o desligamento de um profissional em geral é carregado de sentimentos de traição, desconsideração etc., seja de uma ou de outra parte, mesmo que sem motivo real, você terá de explicar a razão de sua saída, e esse é um ponto muito delicado. Parto do princípio de que você não tenha feito nada que pudesse desaboná-lo, mas, mesmo assim, uma explicação plausível e que não o desqualifique como um bom profissional terá de ser fornecida.

Já foi o tempo em que permanecer numa mesma organização por vinte ou trinta anos, até a aposentadoria, era uma característica do vínculo entre profissional e empresa. O mercado tornou-se tão competitivo que exige que as empresas se reinventem diariamente. O cenário mercadológico muda com a influência dos consumidores, dos concorrentes, dos fornecedores e de tantos outros fatores que forçam as empresas a se adaptarem a novos desafios. Assim, essas organizações exigem novos papéis de seus funcionários e estes, em contrapartida, buscam encontrar o sentido que suas atividades conferem à sua vida pessoal e profissional. Com isso quero dizer que, enquanto as organizações oferecerem desafios e novas oportunidades de crescimento para seus profissionais, eles se manterão comprometidos e engajados nos projetos organizacionais. Caso contrário, buscarão esses elementos em outras empresas, de forma a garantir crescimento profissional e ganhos financeiros. Essa é uma das explicações por que, atualmente, os profissionais preveem ter seis ou sete empregos na carreira corporativa até a aposentadoria. O rápido crescimento e a potencialização da carreira também são importantes fatores motivacionais quando mudamos de emprego na tentativa de alcançar posição e remuneração maiores.

O importante aqui é manter seus relacionamentos de forma que as pessoas que tiveram a oportunidade de interagir com você possam recomendá-lo para futuros projetos de transição.

Uma vez que você selecionou três ou quatro pessoas que apresentará como suas referências profissionais, deve começar a pensar nos tópicos que serão abordados numa conversa pessoal que terá com cada uma delas. Você não pode incluir uma pessoa em sua lista de referências sem que ela saiba. De cada uma, você espera que fale sobre alguns pontos a seu respeito. Para esse alinhamento, o encontro pessoal é o mais adequado, pois nele apresentará seu projeto de transição de carreira e solicitará dessa pessoa empenho com relação aos pontos que você escolheu. Por exemplo, quando falar com um profissional com quem trabalhou sob a mesma supervisão, poderá relacionar tópicos como trabalho em equipe, parceria, habilidade de gestão de equipe, companheirismo e assim por diante. Discuta com ele cada um desses tópicos, concluindo como ele o vê em relação aos temas e o que ele dirá a seu respeito.

Sua lista deverá incluir ex-chefes, pelo menos os dos últimos empregos, cujas informações fornecidas a seu respeito poderão significar tanto um impulso em sua carreira como um desastre sem precedentes.

Recentemente, quando fui buscar informações sobre um candidato para finalizar um processo de seleção, o ex-chefe dele começou apontando as principais competências, relatando as histórias de sucesso, porém, no meio da conversa, incluiu um "mas...". Foi o suficiente para levantar uma série de suspeitas acerca do candidato. Veja, a opinião de um ex-chefe é fundamental e pode ser decisiva num processo seletivo.

Um experiente *headhunter* sabe distinguir uma opinião profissional de uma declaração com base em sentimentos. Se o "mas" é seguido de uma reclamação pelo fato de o candidato ter deixado a empresa por livre e espontânea vontade, criando uma série de problemas para a área pela qual era responsável, ele poderá ser relevado, pois são sentimentos, não uma prova de incompetência. Porém, se o "mas" vier seguido de questionamentos sobre a qualidade do trabalho realizado no exercício das atividades, cria-se um alerta, e novas checagens serão feitas.

Tudo isso pode ser evitado, desde que você, no encontro pessoal com suas referências do último emprego, alinhe o motivo de sua saída. Desenvolva uma explicação curta, positiva e plausível e evite sinalizar preocupações como "conflitos de personalidade". Se você não tinha um bom relacionamento com seu ex-chefe, apesar de você acreditar que o problema era ele, considere que o selecionador questionará sua habilidade de relacionamentos interpessoais. Ele não entrará no mérito de quem estava certo ou errado. Portanto, discuta com seu ex-chefe todos os pontos positivos que gostaria que fossem apresentados numa referência. Por mais bem intencionado que ele possa ser, talvez não seja habilidoso o suficiente e justifique uma ação dele, ou seja sua demissão, com a baixa qualidade do trabalho que você vinha desempenhando nos últimos meses ou ainda exagere nas suas qualidades, nas quais ninguém em sã consciência poderia acreditar.

É preciso uma avaliação equilibrada e justa das pessoas que vão compor sua lista de referências. Por esse motivo, por mais que você se sinta constrangido em ligar para uma pessoa e pedir o encontro e ache melhor trocar e-mails sobre os pontos da referência, entenda que o encontro pessoal é muito valioso. Você se surpreenderá em como, na maioria dos casos, as pessoas têm muita boa vontade de ajudar.

Veja alguns dos pontos que sua análise deverá contemplar.

- Credibilidade: qual o tipo de relacionamento que você possuía com essa pessoa? Jamais inclua parentes em sua lista de referências, pois se espera que eles o admirem incontestavelmente. A credibilidade da fonte é importante e passa pelo grau de relacionamento profissional que mantinha com ela.

- Principais resultados: quais os trabalhos que realizou e resultaram em sucesso para as empresas? Qual o grau de importância que você teve nas organizações em que trabalhou? Você poderá valer-se dos resultados listados em sua avaliação de perfil profissional como um bom ponto de partida.
- Competências gerenciais: qual seu estilo gerencial? Como se relacionava com os outros profissionais na organização? Relacione essas competências a exemplos de situações que as comprovem.
- Áreas de desenvolvimento: em quais aspectos você precisa melhorar? Quais competências precisa desenvolver? Como não somos perfeitos, listar eventualmente uma ou duas áreas que necessitam ser melhoradas pode aumentar a credibilidade das referências. Por outro lado, procure declarar pontos de melhorias que tenham surgido do excesso de um ponto forte. Por exemplo, "preciso melhorar meu equilíbrio entre a vida pessoal e a profissional, pois nos últimos anos tenho me dedicado muito ao trabalho em detrimento de novos cursos de especialização".
- Motivo do desligamento: qual será a versão oficial? Ela necessita ser direta, objetiva, simples e plausível o suficiente para que o selecionador se sinta satisfeito com a resposta.

Vejamos um exemplo de tópicos que você poderá discutir com seu ex-chefe, o diretor financeiro da empresa onde você era gerente de crédito.

Credibilidade: *Conheço Antonio há três anos, desde que ele assumiu a área de crédito da empresa como gerente. Ele se reportou a mim durante esse período.* Note que aqui ele não disse que o promoveu à posição, porém teve a oportunidade de trabalhar com você por três anos, o que o qualifica como referência.

Principais resultados: *Antonio foi responsável por reduzir o índice de inadimplência de 5% para 2%, após dois anos na função, por meio da criação de um controle melhor na concessão de crédito que a empresa utiliza. Para esse trabalho, demonstrou elevada capacidade de gestão de equipe, uma vez que teve de contar com a participação de integrantes de outras áreas, não subordinados a ele, e soube gerenciar o projeto de forma a trazer os resultados previstos dentro do prazo preestabelecido.* Eis uma evidente declaração de competência profissional a seu respeito, relacionando fatos e resultados alcançados.

Estilo Gerencial: *Antonio foi responsável pela construção e preparação de sua equipe. Possui capacidade de interagir e compreender as pessoas. Tem muita habilidade com os integrantes da equipe, não é paternalista e mantém agradável clima de trabalho, mesmo nos períodos de fechamento de mês, quando há pressão para rápida conclusão dos relatórios.* Essa declaração é nitidamente compreendida e aceita, pois ele trabalhou com você por três anos e viu você construir e treinar sua equipe.

Pontos a melhorar: *O principal defeito que notei em Antonio foi a excessiva preocupação com detalhes. Muitas vezes corria o risco de não entregar os relatórios da área por esse motivo. Para que pudesse atender aos prazos, ficava até tarde trabalhando, sempre atento aos detalhes dos relatórios, para que não tivessem nenhum erro.* Ele soube apontar uma área de melhoria em seu perfil sem comprometer os resultados que você alcançava enquanto trabalharam juntos.

Motivo do desligamento: *A organização está passando por uma reestruturação após ter sido adquirida pelo maior concorrente. Com isso, muitas áreas foram fundidas com o objetivo de reduzir os custos com o pessoal. Na escolha entre o Antonio e o seu par na outra empresa, os novos acionistas decidiram desligar o Antonio e manter em seu lugar o profissional da empresa.*

Eis uma declaração simples, plausível e de inequívoca contestação por parte do selecionador.

Agora estamos preparados para desenvolver uma estratégia de marketing para sua transição, como veremos no próximo capítulo.

Capítulo 4

Estratégia de marketing individual

Neste capítulo estabeleceremos uma estratégia de marketing para seu projeto de transição de carreira. Para tanto, retomaremos o conceito de produto, que é você. Como tal, vamos criar uma campanha de marketing para sua exposição com os contratantes, ou seja, *headhunters*, diretores de recursos humanos das empresas, além de sua rede de contatos. Nessa campanha, vamos considerar todos os possíveis canais de exposição com ações específicas para cada um deles e posterior *follow-up* das ações. Muito similar às ações do lançamento de um produto, cujo principal objetivo é torná-lo conhecido e de fácil acesso aos consumidores potenciais, suas ações deverão ser pautadas por um plano formal de trabalho com criterioso *follow-up*.

Muitas pessoas, ao buscarem um novo emprego, concentram seus esforços em fórmulas do passado. Elas abordam o mercado baseadas em alguns paradigmas como envio de dezenas de currículos de forma aleatória, o que gera uma angustiante espera por um telefonema que lhes traga uma oportunidade. O tempo de espera pelo toque do telefone faz um terrível mal ao equilíbrio emocional, pois essas pessoas ficam passivas, sem controle da situação. Esse desequilíbrio se traduz no próprio atendimento a um telefonema, pois a pessoa está cheia de expectativas de que naquele momento seus problemas vão acabar. Tenha certeza de que o tom de voz revela esse desequilíbrio e é notado pelo interlocutor.

Isso me lembra o caso de um profissional que estava à espera de uma ligação, após ter enviado seu currículo para uma dezena de *headhunters* e anúncios de jornais. Já havia uma semana que tinha encaminhado os currículos, e ele aguardava desesperadamente por uma ligação. Em determinado dia, contou-me, o telefone tocou perto das 11 horas da manhã. Ansioso, depressa atendeu e... era sua sogra. Ele, desapontado, conversou um pouco e desligou. Na tarde do mesmo dia, ainda angustiado e aguardando, novamente o telefone tocou e, acredite, era a sogra outra vez. Não preciso dizer que, em seu estado emocional alterado, a segunda conversa quase o levou à separação da esposa.

Sem dúvida, poderia ter sido uma ligação de emprego, pois pode acontecer. Jamais desprezo o acaso, porém não é o que se espera de um profissional decidido pela continuidade da carreira, que esteja trabalhando na identificação das oportunidades de forma estratégica e alinhada a seus interesses. Não se pode, então, acreditar que as chances de uma nova posição sejam frutos do simples acaso. São frutos de um complexo e eficiente trabalho de marketing, pois os empregos estão lá fora. Vamos a ele!

Em primeiro lugar, você deve definir os tipos de oportunidade que está buscando, mesmo porque, na maioria das vezes, as formas de descobri-los são distintas.

As posições "abertas", ou seja, conhecidas e anunciadas, são divulgadas em volume muito restrito nos cadernos de emprego de jornais ou revistas. Dessas, uma pequena parte é direcionada aos *headhunters* ou empresas de seleção, o que chamamos de vagas "parcialmente abertas", e a grande maioria, que chamamos de "fechadas", é divulgada internamente, entre os funcionários das organizações e em suas redes de relacionamento. Algumas empresas até criam programas de recompensas para funcionários que indicam profissionais que venham a ser aproveitados por elas. Essas posições, quase 70% do total de vagas disponíveis no mercado, estão nas redes de relacionamento e têm várias razões para serem fechadas, como:

- O crescimento de um negócio ou de uma função pode abrir perspectiva para novos cargos, e a empresa não quer que a concorrência saiba desse movimento.
- Pelas mudanças que a empresa está passando em seu mercado, ela se vê obrigada a fazer ajustes entre as competências exigidas pelos cargos e as identificadas nos funcionários que os ocupam, o que pode sugerir substituições.
- Substituição de um funcionário que não esteja cumprindo as metas e ainda não tenha sido dispensado. A empresa pretende manter o sigilo do processo, muitas vezes recorrendo a *headhunters*.
- Um novo gestor assume uma área na organização e pretende montar seu próprio time.

Todas essas alternativas, além de outras menos representativas, geram oportunidades de emprego que não são visíveis à maioria das pessoas, o que pode parecer um contrassenso, uma vez que as organizações também precisam divulgar as vagas para atrair um bom volume de candidatos.

Vamos entender, portanto, como funciona o processo de busca de profissionais conduzido por uma empresa. Imagine que o diagrama da Figura 4.1 circunscreva todas as oportunidades de vagas existentes no mercado para uma posição. As ações, de baixo para cima, são as fases pelas quais a empresa passa na busca de um profissional para preenchimento de vaga, qualquer que seja, de analista a presidente.

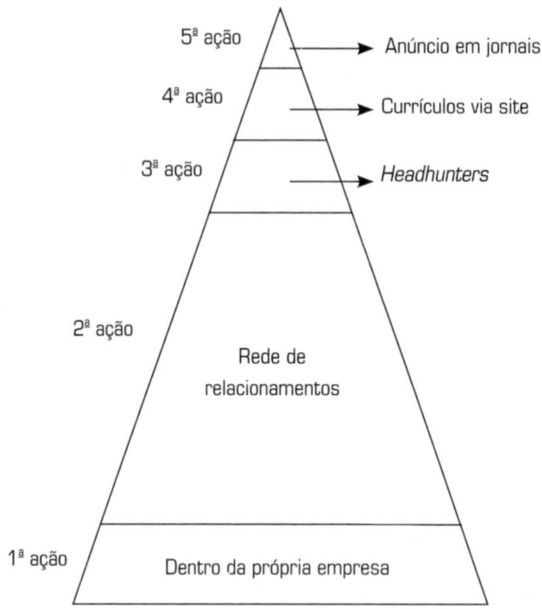

Figura 4.1 Busca de um profissional

Processo de busca de um profissional pelas empresas

Seguindo as ações da empresa nessa busca, a primeira, de baixo para cima, segundo o diagrama, é buscar dentro do quadro de funcionários. Isso porque é uma oportunidade de promoção e/ou movimentação para as pessoas internas à organização. Essas oportunidades são consideradas posições "fechadas", uma vez que os profissionais de fora não têm acesso direto a elas. Como as empresas, desde a década de 1980, vêm passando por diversos programas de ajustes em seus quadros funcionais, por meio de *downsizing*, reengenharia etc., é comum terem um quadro tão enxuto que não disponham de funcionários para ocupar a nova posição sem que deixem um espaço aberto na estrutura. Isso geralmente não ocorre nas grandes organizações, pois buscam preencher essas lacunas com programas de *trainees* ou de estágios, para que os novos entrantes comecem a crescer a partir da base, dando suporte a essas movimentações internas.

Mas esse tipo de gestão, na maioria das vezes, como se disse, só é encontrado em grandes empresas, que possuem recursos para a manutenção de um quadro repositório na base, fazendo parte de sua política de gestão do capital humano. Na maioria das empresas, é muito provável que não se encontrem substitutos para as vagas que vão surgindo.

A empresa, então, executa a segunda ação, ou seja, recorre à sua rede de relacionamentos profissionais. É exatamente nessa fase que a maioria das vagas está disponível, quase 70% delas (se considerarmos o setor bancário, esse porcentual sobe para 80% e, ainda, se for o segmento de comunicação e propaganda, o índice chega a 90%). É um processo demorado para a empresa, pois todas as recomendações e indicações precisarão passar por um processo seletivo. Esse processo é dispendioso e longo, e será preciso que a empresa tenha um quadro de funcionários em sua área de recursos humanos que avalie todos os currículos e selecione os que passarão para o processo de entrevistas.

Caso não tenha sucesso em encontrar alguém recomendado pela rede de relacionamentos – e, veja, o tempo passa, e o gestor solicitante da posição está ansioso por contratar e pressiona o departamento de recursos humanos –, a empresa adota a terceira ação, que é contratar um *headhunter* ou empresa de seleção. Existe um custo nesse processo, uma das possíveis razões pelas quais a empresa não adota essa medida como segunda ação. Eu percebo em meu trabalho diário que, muitas vezes, a descrição que a empresa faz do perfil a ser contratado, e que é repassado ao *headhunter*, está muito distante do que ela estaria disposta a contratar na segunda fase. Isso torna o processo seletivo, conduzido pelos *headhunters*, muito mais severo, com um grau de exigência dos candidatos muito acima do que poderia ter sido aceito originariamente. Afinal, a empresa concordou em pagar pelos serviços e exigirá o máximo retorno desse investimento.

Se a empresa decide não contratar a consultoria, seja por restrição de verbas, seja por não fazer parte de sua política interna a utilização desses serviços, ela passará para a quarta ação, ou seja, pesquisar todos os currículos encaminhados espontaneamente ao departamento de recursos humanos, ou mesmo pela seção "Trabalhe conosco" do site da empresa, que geralmente ficam arquivados. O volume desses currículos é, em geral, muito elevado, exigindo paciência e trabalho especializado de garimpo. As grandes organizações que utilizam esse procedimento possuem *softwares* de gestão que facilitam muito o trabalho de pesquisa. No entanto se colocarmos sob a perspectiva do negócio central dessas organizações, não se trata de sua atividade principal, desviando muito de seu negócio (*core business*), qualquer que seja. Ainda assim, em geral os currículos selecionados não foram referendados nem mesmo encaminhados por algum funcionário da organização que conheça o candidato. Consequentemente, há uma sensação de que está sendo feita uma seleção de pessoas sem referências, essenciais num processo seletivo. São simples currículos enviados, uma pilha de papel.

Se essa ação não resultar na seleção dos candidatos mais alinhados com o perfil desejado, a empresa parte para a quinta ação, ou seja, colocar um anúncio no jornal. Já se trata de desespero de causa, uma vez que um anúncio de cargo gerencial atrai, em média, mil currículos. Esse volume, na prática, contém currículos que nem sequer chegam perto do perfil solicitado, diferentemente dos selecionados nos arquivos do departamento de recursos humanos na quarta ação. Por exemplo, se a vaga for para gerente de vendas, a empresa receberá currículos de profissionais que estão nessa posição, empregados ou não, mas também receberá de ex-diretores de vendas que, caso estejam há muito tempo desempregados, acreditam que podem recomeçar sua trajetória numa posição inferior (se este for seu caso, saiba que definitivamente nenhuma empresa contratará um profissional que aceite uma posição inferior à que exercia, pois acredita que, surgindo a posição adequada, o profissional deixará o emprego atual). Isso sem falar de coordenadores e supervisores que querem galgar uma posição mais elevada no mercado e encontram no anúncio uma oportunidade de crescer na carreira. Isso gera um volume de trabalho realmente pouco produtivo e muito cansativo para o departamento de recursos humanos. Se o recrutador conseguir selecionar alguns currículos desse anúncio, ainda restará a sensação de não ter nenhuma recomendação que possa ajudar no processo de avaliação. Isso explica por que os cadernos de empregos dos jornais atualmente não trazem muitas oportunidades.

Compreendido o processo de recrutamento e seleção de uma empresa, torna-se mais fácil estabelecer um plano de marketing para sua exposição no mercado. Como já dissemos, nenhuma possibilidade, por mais remota que possa representar para o resultado efetivo de encontrar uma nova posição, deve ser desprezada. Você deve, no entanto, direcionar maior ou menor esforço para cada uma.

Para refletir

A primeira atitude é estabelecer o mercado-alvo, ou seja, construir uma lista de empresas onde gostaria de trabalhar, que valorizam suas competências profissionais e estejam alinhadas com seus valores. Significa dizer que o processo de seleção dessas empresas nasce do resultado de sua avaliação de perfil. Você não quer, após um exaustivo processo de transição de carreira, ingressar numa empresa e permanecer por apenas seis meses, deixando-a por não ter se adaptado bem com a cultura. Seria uma catástrofe tanto para seu equilíbrio emocional quanto para seu próprio currículo.

Comece definindo como deveria ser essa empresa, que tipo de produto ela fabrica, em que mercado atua (se é antitabagista, não procure oportunidade numa fabricante de cigarros, pois você entrará em conflito com seus valores pessoais, seja qual for o salário ou cargo), qual tipo de ambiente possui, quais as políticas de recursos humanos, qual o desempenho no mercado (crescendo ou encolhendo), qual a origem do capital (europeu, norte-americano, asiático ou brasileiro), que tipo de gestor a empresa valoriza, qual remuneração, benefícios que pretende ter e assim por diante. Coloque tudo isso numa folha de papel. O que temos? Uma descrição da empresa ideal para você trabalhar. Sei que talvez pense que essa empresa não exista ou que o fato de definir um modelo possa restringir sua área de busca. Mas essa descrição não tem o papel de limitar sua atuação, mas sim de servir como parâmetro. Ao surgir uma oportunidade, você poderá comparar esse modelo ao que o novo empregador está lhe oferecendo. Os itens de sua descrição de empresa ideal que estiverem faltando na proposta do novo empregador serão analisados e avaliados por você, que decidirá se estaria disposto a abrir mão deles ou não. Será uma decisão sua, consciente e baseada em análise e reflexão, não aleatória.

Lembra-se do caso do diretor de recursos humanos de um grande fabricante de eletroeletrônicos coreano? Ele ilustra o que uma escolha errada, sem planejamento e sem objetivo claro pode causar em sua carreira.

Portanto, prepare a descrição da empresa ideal com todo o cuidado necessário.

Com uma descrição da empresa ideal para você em mãos, crie sua lista de empresas-alvo, respondendo à seguinte questão: "Quais empresas poderiam oferecer-me uma posição igual a esta?". Utilize diversas fontes para relacionar as empresas, como a lista das Maiores e Melhores da revista *Exame*, anuários setoriais, banco de dados da Receita Federal, periódicos como *América Economia – 500 Maiores da AL*, Balanço Anual da *Gazeta Mercantil*, câmaras de comércio (Câmara Americana de Comércio, por exemplo), *Fortune 500*, entre outras.

Ao concluir essa descrição da empresa ideal e a lista das empresas-alvo, temos a direção de que você pretende dar a seu projeto de transição e que conduzirá todo seu planejamento de marketing. Adiante, veremos o uso que faremos dessa lista.

O processo de busca de um profissional conduzido pelos *headhunters* inicia com os profissionais que eles já conhecem e tiveram a oportunidade de avaliar em outros processos ou mesmo em encontros de cortesia. Esses contatos também servirão para prover indicações de outros profissionais. Além dessas ações, o *headhunter* pesquisará sua base de currículos e outras disponíveis no mercado. Ele pesquisará e buscará um profissional especificamente do concorrente do cliente, ainda que não seja solicitado, o que denominamos *hunting*.

Para você pesquisar consultorias em seleção de profissionais, veja no site das grandes empresas em *outplacement* uma lista com os principais *headhunters* da região em que atuam (em torno de 100 consultorias em São Paulo, 30 no Rio de Janeiro, 10 em Porto Alegre, 5 em Belo Horizonte). Numa pesquisa na internet, faça uma busca por "empresas de seleção" ou "*headhunter*". Agende uma visita de cortesia aos *headhunters* que você já conhece, seja por ter passado por processos de entrevistas anteriores, seja por ter sido procurado para lhes fornecer indicações de outros profissionais. Na visita, exponha seus planos de transição com clareza e objetividade, sem omitir que está nesse processo. Afinal, sua relação com o *headhunter* só existe em nome do possível preenchimento de vagas. Essa atitude evitará que você e o consultor percam tempo, e ele lhe agradecerá por isso.

Para os demais *headhunters*, pesquise nos sites se eles atuam em seu mercado-alvo. Caso não atuem, não os descarte, apenas não serão prioritários no momento. Comece inserindo seus dados profissionais e sua experiência nos sites dessas consultorias. A grande maioria utiliza sistemas de banco de dados cuja inserção de dados é feita nos sites e não no e-mail com o currículo anexo. Sempre que possível, inclua uma carta de apresentação, mencionando que gostaria que seu currículo fizesse parte do banco de dados, com um breve resumo de suas qualificações. Como já dissemos, não espere que o consultor atenda a uma ligação sua, dê *follow-up*, só pelo fato de ter encaminhado seu currículo. No máximo, receberá um e-mail ou carta agradecendo o envio (automáticos). Essas consultorias trabalham para empresas, nunca para os candidatos. Cuidado com as consultorias que dizem trabalhar para empresas, mas que exigem também remuneração do candidato, sob o pretexto de aplicação de testes de avaliação ou de outro serviço. As consultorias sérias jamais cobram qualquer valor dos candidatos e são remuneradas apenas pelas empresas em todas as fases do processo seletivo. Lembre-se, no entanto, de que o objetivo dos *headhunters* é encontrar o melhor candidato para o cliente, e não avaliar se é a melhor oportunidade para o candidato. Isso é unicamente de sua responsabilidade como candidato e que responde por sua carreira.

Se algum *headhunter* entrar em contato logo após você contatá-lo por site, é porque existe uma vaga na qual está trabalhando e para a qual suas qualificações podem ser adequadas. Ele vai querer conhecê-lo, e você entrará num processo seletivo.

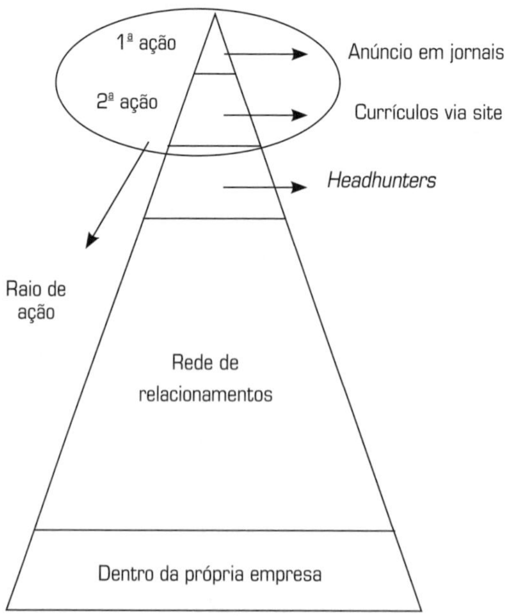

Figura 4.2 Ações de busca de emprego por profissional sem planejamento

De acordo com o diagrama da Figura 4.1, fica evidente que é na rede de relacionamentos (*networking*) que encontramos a maioria das oportunidades de trabalho. Então, é aqui que você deve concentrar seu maior esforço e energia.

É importante neste momento saber como um profissional sem planejamento para a transição procura um emprego. Observe novamente o diagrama da Figura 4.1, agora de cima para baixo, como destacamos na Figura 4.2.

Processo de busca de uma vaga conduzido pelo profissional sem planejamento

A primeira ação que um profissional executa é procurar oportunidades nos jornais. Como já dissemos, o volume de ofertas é muito insignificante, se comparado ao total disponível no mercado. Como nessa fase o profissional não possui a visão do todo, credita a falta de anúncios de emprego à eterna recessão em que vive o País e responsabiliza o governo pela falta de oportunidades. O que ele faz, então? Aconselhado por amigos, sua segunda ação é começar a pesquisar as oportunidades na internet, seja incluindo o currículo nos sites de empresas, de alguns *headhunters*, seja encaminhando-o a qualquer empresa – afinal, qualquer emprego estaria bom.

Basicamente, é tudo que o profissional despreparado consegue fazer, além de aguardar um telefonema.

Veja que o arco desenhado no diagrama (raio de ação) da Figura 4.2, que envolve as duas principais ações, é onde o profissional está concentrando toda sua energia. Está muito longe de acessar o maior volume disponível de oportunidades, pois é na rede de relacionamentos, como dissemos, que ele se encontra. E como pode acessá-lo? Pelo *networking*.

Networking

Vamos construir a lista de contatos de sua rede (*network*). Em meus contatos profissionais, nessa fase, vejo que os executivos, até presidentes de empresa, não conseguem criar uma lista de pelo menos 30 ou 35 pessoas que o conhecem e sabem exatamente quais são suas principais competências. Esses nomes são contatos, na sua maioria, resultantes da função que o profissional exercia no emprego anterior ou que mantém no emprego atual, sem exposição em outros segmentos de mercado. A dificuldade de relacionar esse número de contatos demonstra que o profissional não tem dado a devida importância à construção e manutenção de sua rede de relacionamentos, ao que chamamos *networking*.

Você só dará conta da importância do *network* no momento em que decidir fazer uma transição, seja por iniciativa própria, seja por iniciativa da empresa onde trabalha. Portanto, é fundamental manter uma rede ativa de pessoas que realmente conhecem o que você faz e têm acompanhado sua trajetória. Apesar de simples, essa atividade de construção de uma rede de relacionamentos requer muita dedicação e energia, e gostaria de dar-lhe algumas sugestões de como fazê-lo.

Construir uma lista de *network* não significa listar um grupo de pessoas numa folha de papel. Essa é uma atividade que necessita de objetivo e estratégia. O primeiro passo é saber **onde** você deve se expor. Para tanto, é essencial que decida em quais segmentos de mercado você gostaria de trabalhar, agora e no futuro. Como você já vem construindo sua história em determinado segmento de mercado, este será o primeiro a ser escolhido. Defina a cadeia desse segmento. Por exemplo, se atua numa indústria de alimentos, sua cadeia é composta por outras empresas concorrentes, pelos fornecedores de produtos e insumos, bem como pelo segmento de varejo, que distribui os produtos produzidos por sua empresa. Ainda, se você atua na área de marketing dessa indústria, por exemplo, deve incluir os fornecedores de serviços de marketing, como agências de publicidade, consultorias, pois você se relaciona também com esses segmentos. Com isso, apenas nesse exemplo, você tem três segmentos distintos do segmento no qual trabalha, porém inter-relacionados, além dos próprios concorrentes de sua empresa. É um bom universo para sua exposição, não acha?

Mas você não deve limitar-se apenas ao setor em que atua no momento. Talvez queira se expor em segmentos com perspectivas de crescimento no futuro, com base em análises que você fará. Os setores de energia eólica, telecomunicações, internet, automotivo, turismo, alimentação, entre outros, são exemplos. Ao ampliar seu universo de segmentos, em que suas competências são transferíveis, você amplia sua empregabilidade.

Feita a análise, agora defina **a quem** deve se expor. Se verificarmos novamente o diagrama (figuras 4.1 e 4.2) que apresentamos para demonstrar os processos de busca, tanto conduzido pelas empresas como pelos profissionais, a rede refere-se aos profissionais que exercem o mesmo cargo na estrutura organizacional ou estão um pouco acima. Por exemplo, se você é um gerente de marketing, deve se expor a outros gerentes de marketing ou mesmo a diretores de marketing. Por quê? Porque é exatamente nesse círculo que as vagas para você estão transitando. Quando solicitados a recomendar candidatos para as vagas, os profissionais sugerem os próprios pares ou, quando estão num nível acima, os que foram seus subordinados.

Vejamos um processo conduzido pelo *headhunter* para identificar um gerente de marketing para seu cliente. Ele vai garimpar candidatos, seja em sua base de currículos, seja em sua rede de relacionamentos, que estejam preparados para a vaga. Quando contata a rede de relacionamentos, o *headhunter* receberá indicações de outros gerentes de marketing, caso aquele não se interesse pela oportunidade. No caso de um diretor de marketing, ele indicará ex-funcionários que trabalharam com ele em outras empresas. Portanto, se você é um gerente de marketing, não é necessário que se exponha aos presidentes de empresas nem a analistas de marketing. Eles estão muito distantes de seu estágio e não terão a quem recomendar, na maioria das vezes. As vagas para você transitam entre profissionais de seu nível atual ou um pouco acima.

Para que comece a desenvolver sua rede, deve utilizar as oportunidades que você mesmo criará, afinal é de seu interesse. Observe a atividade de um simples almoço diário. Geralmente você almoça com as mesmas pessoas todos os dias. Seja porque vocês se dão bem, seja porque o almoço, para a maioria das pessoas, representa um momento de alívio num dia estressante e você não quer falar de negócios, e esse momento lhe serve de breve relaxamento. Concordo com você apenas em parte, já que você tem uma carreira que precisa ser potencializada, e o almoço poderia ser utilizado para a construção de sua rede. Afinal você é o presidente de sua "empresa" – Seu Nome S/A –, assim tem a responsabilidade de garantir sua exposição, sua imagem, seu crescimento e ganhos futuros. Se, ao final de um dia, não fez nada por sua carreira, ela sofrerá as consequências no futuro. Portanto, deixe os momentos de relaxamento para os finais de semana com a família e use a maioria dos almoços para conhecer pessoas. Agora, logicamente, não se trata de ligar e convidar todo mundo para um almoço. Você deve ter uma estratégia.

Por exemplo, não seria adequado você convidar um concorrente para almoçar, sem que isso se tornasse um problema ético. Então, o que fazer? Participe de eventos do setor, como congressos ou feiras, de sindicatos patronais, representando sua empresa, ou utilize os *coffee-breaks* em eventos para fazer novos contatos, pois este é um momento em que todos estão reunidos em prol de um objetivo compartilhado. Quando se aproximar de alguém nesses eventos, tenha certeza de escolher um bom momento. Se a pessoa que deseja conhecer estiver conversando com outra pessoa, espere o fim da conversa ou pelo menos uma brecha para apresentar-se. Se você chegou sozinho e não conhece ninguém, descubra quem é o responsável pela organização do evento e peça para que faça a ponte entre você e as pessoas que lhe interessam conhecer. Informe-se sobre quem estará lá, procure saber quais são as empresas representadas pelos convidados, pesquise um pouco sobre o mercado. Já pensou desperdiçar uma chance de impressionar ao se passar por desinformado logo no primeiro contato?

Fale um pouco de seu trabalho e o motivo da aproximação. As pessoas que frequentam esses eventos estão acostumadas a esse tipo de abordagem e estão ali, assim como você, para fazer *networking*. Mas, lembre-se, a conversa tem de ser objetiva e breve o suficiente para que vocês se conheçam e você possa telefonar posteriormente para agendar um contato pessoal, em que falarão sobre o mercado em que atuam e você terá a possibilidade de se expor de modo adequado. Troque cartões de visita, pois estes são um lembrete de sua existência nas mãos de outros profissionais. Por outro lado, evite distribuir seu cartão aleatoriamente, como se fosse um político com seus santinhos em períodos de campanha. Use o cartão apenas para selar um primeiro contato previamente planejado. Escreva, no verso dos cartões que recebeu, as informações sobre a pessoa, para que se lembre de todos no dia seguinte. Se o novo contato lhe contou, por exemplo, que foi recentemente transferido de posição, anote e, logo depois do evento, mande um e-mail perguntando a esse contato como ele está se saindo na nova função.

Almoços e jantares de negócios são boas oportunidades de expor-se na rede de relacionamentos. Nesses encontros, não deixe o celular ligado (se necessário, no modo silencioso). Sua atenção deverá estar totalmente direcionada para as pessoas que dividem a mesa com você. Se for o anfitrião, introduza o assunto que motivou a reunião no máximo até a refeição começar a ser servida. Como o assunto nesses encontros é sobre os negócios entre as empresas, você deve demonstrar conhecimento do mercado e da atividade que exerce em sua empresa. Por exemplo, se for gerente de tecnologia da informação e trabalhar no setor de varejo, deve conhecer as melhores práticas de gestão da tecnologia que compreendem tanto os softwares utilizados no *front office* como no *back office*, duas áreas de extrema importância no varejo. A simples demonstração desses conhecimentos fornecerá a dimensão de suas principais habilidades para seus convidados. Cuidado apenas em não revelar informações sobre a empresa onde trabalha, pois seria considerado de extrema leviandade e desrespeito aos direitos da empresa.

Além do setor em que você já atua, como falamos, você pode ter interesse em se expor em outros segmentos de mercado. Essas novas alternativas não precisam ter, necessariamente, nenhuma relação com seu mercado atual. Podem ser os segmentos de energia ou automobilístico, como citei, que você estudou e analisou, chegando à conclusão de que serão segmentos prósperos no futuro e que gostaria de tê-los como alternativa de carreira.

Para contatar as pessoas que ainda não conhece, recorra à sua rede de relacionamentos atual. É exatamente por meio da rede que você será apresentado às pessoas que está buscando. Quando fizer o contato, estude a empresa e o segmento em que ela atua e prepare-se. O objetivo é trocar experiências sobre o mercado e falar de suas conquistas, para que o novo contato conheça suas habilidades e você as dele.

Por exemplo, veja uma abordagem que você poderia utilizar para marcar uma visita a um profissional de uma área que tem interesse em se expor.

> Bom dia, João, estou lhe telefonando por recomendação de um amigo que temos em comum, o Ricardo. Eu disse a ele que estava procurando entender melhor o segmento da indústria química, e ele me falou que você trabalha nesse setor há alguns anos e poderia me ajudar. Você teria um tempo em sua agenda para conversarmos sobre esse assunto?

Normalmente, a pessoa se mostrará disponível para ajudar e mostrar o que sabe a respeito do setor. Para preparar-se nessa área, por exemplo, busque informações na Associação Brasileira da Indústria Química (Abiquim), e veja como o setor está estruturado, quem são os principais players da cadeia produtiva e obtenha, principalmente na internet, todas as informações disponíveis acerca da empresa onde essa pessoa trabalha. Prepare algumas questões relevantes, tanto do histórico como, sobretudo, das tendências que são percebidas. Reúna todas as informações da empresa sobre seus produtos, mercados em que atua, faturamento e resultados financeiros, missão, visão e valores, composição acionária, localização das fábricas etc. Observe que, ao começar a conversa com o novo contato, você demonstrará conhecimento de um setor em que não atua e ele ficará muito bem impressionado, desejando contribuir com seus planos de ampliar o conhecimento na área. Entre as falas, relacione seus resultados alcançados em relação a alguns problemas pelos quais a empresa passa. Por exemplo, discorra como reduziu os custos de distribuição que obteve em sua carreira, ou mesmo como contribuiu na estruturação de projetos de qualidade e veja como poderiam ser aplicados no setor químico. Como seus exemplos são baseados em experiências alcançadas por você, existe a possibilidade de serem aproveitadas em outros setores, como o químico, neste exemplo. O contato vai receber sua experiência como uma informação muito valiosa para a condução do próprio trabalho na empresa dele. É uma troca, porém você está mostrando suas competências, e é isso que realmente conta num encontro como este.

Observe que eu disse "troca de experiências" e não simplesmente encher seu interlocutor de perguntas, o que sem dúvida vai aborrecê-lo e causará, por consequência, o efeito inverso na imagem positiva que deseja passar. Se você começar a reunião perguntando "o que sua empresa fabrica?", acredite, seu interlocutor vai ter a certeza de que aquele encontro não vai durar mais do que quinze minutos.

Prepare-se e estude o mercado que vai discutir, pesquisando e buscando informações que julgue úteis a seu interlocutor, ainda que exista a mínima chance de que ele já tenha essa informação, uma vez que já atua no segmento. Com essa postura, você começa a criar sua imagem e, consequentemente, uma exposição positiva. Ele vai perceber que, mesmo não pertencendo a esse segmento de mercado, você demonstrou muito conhecimento, o que, em última análise, mostra que se preparou para conversar com ele. Você está construindo sua imagem de forma muito positiva.

Ao longo da conversa, exemplifique situações que tenha vivido e que representem seus principais resultados para que seu contato conheça suas competências. Não fale de emprego, pois isso não é relevante para o encontro e só interessa a você. O importante é transmitir uma imagem de profissionalismo e listar suas principais competências, utilizando exemplos que vão surgindo ao longo da conversa. Ao final, peça indicações de contatos em empresas do setor em que ele atua (mostre-lhe uma lista com o nome das empresas), para que você possa contatar e conhecer melhor o mercado. Chamamos essa nova lista de pessoas de segundo nível de contatos. Perceba que, dessa forma, você constrói uma lista infindável, o que é crucial, visto que sempre terá um contato a ser feito. Dá trabalho, não dá?

Considere três a quatro encontros semanais, se estiver disponível no mercado, ou uma ou duas caso esteja empregado, além dos almoços. Estatisticamente, quanto mais contatos você fizer, mais estará se expondo e atraindo as oportunidades do mercado. Acredite, com 70% das vagas de emprego na rede, suas chances vão crescer exponencialmente. Você não ficará apenas aguardando um telefonema, terá controle sobre todas as ações, estará ativo e estudando outros mercados, o que, convenhamos, também é importante para seu crescimento profissional.

Agora que já explicamos a importância da rede de relacionamentos, voltaremos à lista de contatos profissionais. A lista não deve conter apenas o nome de seus amigos, mas de todas as pessoas com quem você manteve contato ao longo de sua carreira. Com a lista de empresas-alvo em mãos, verifique quais contatos estão trabalhando nas empresas-alvo e quais podem apresentá-lo a essas empresas (Figura 4.3).

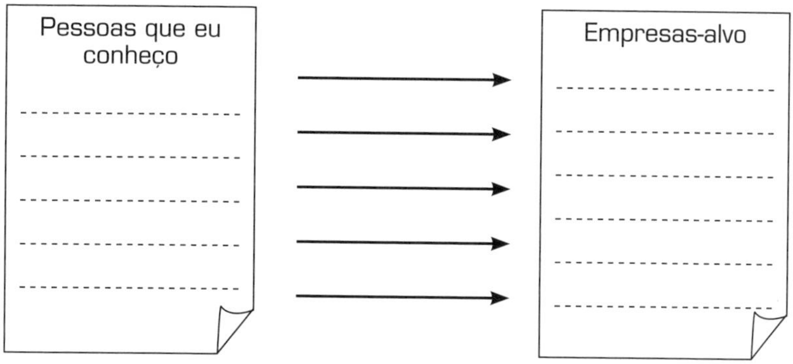

Figura 4.3 As listas de contato e de empresas-alvo podem ser usadas juntas para maiores resultados

O objetivo de contatar essas pessoas não é lhes dizer que você está num processo de transição de carreira e em busca de uma oportunidade. O fato de você se encontrar nessa fase só interessa a você mesmo, a mais ninguém. O objetivo do contato é você se expor às empresas-alvo utilizando sua rede de relacionamentos. É importante que você se exponha a essas empresas, de modo que saibam como suas competências fariam diferença para as vagas fechadas.

O resultado final é que esses profissionais, uma vez abordados por headhunters e por pessoas da própria rede, na busca de indicações para vagas, com boas chances, vão incluí-lo em suas recomendações. Continue a expandir sua rede de relacionamentos profissionais mesmo que tenha concluído seu processo de transição. A intensidade dos contatos deverá ser menor, mas não menos constante. Essa rede será um dos pilares de sua carreira.

É possível que, para todas as empresas que constam da lista de empresas-alvo, você encontre um contato, de primeiro ou segundo nível, que o apresente a um profissional da empresa. Considere essa ação a mais importante, porém, se não houver esse contato, envie uma carta de marketing à empresa.

A eficácia dessa carta dependerá de como você a escreve e para quem você a encaminha. Em vez de escrever uma carta enfadonha, pomposa, formal ou mesmo fria, torne-a interessante, informativa, concisa e estimulante ao leitor. Como parte de sua campanha de marketing, reserve muito tempo e energia para escrevê-las e reescrevê-las várias vezes. Primeiramente, você deverá identificar a quem deve encaminhar a carta de marketing. Existem bases de dados disponíveis no mercado que você poderá acessar, apesar de serem comercializadas quase exclusivamente para empresas. Caso não consiga obter esses bancos de dados, você deve procurar se informar na própria empresa o nome da pessoa para quem você deseja endereçar a carta. Por exemplo, se você é um gerente de marketing, deve endereçar a carta ao diretor de marketing da empresa. Se você não for um gerente de recursos humanos, não encaminhe sua carta ao diretor de recursos humanos, pois ela poderá ir para a base de currículos da empresa e não surtirá o efeito desejado. Uma vez identificado o nome da pessoa que receberá a carta, você deve encontrar um ponto que atraia a atenção deste. Faça pesquisas para compreender o segmento de atuação da empresa, seus objetivos estratégicos e suas competências essenciais. De posse dessas informações, você identificará os objetivos que a empresa busca atingir no momento, com os quais poderá relacionar suas competências e os resultados que atingiu ao longo da carreira. O leitor desta carta verá relacionados os objetivos da organização, que lhes são familiares, e possíveis ações que venham a atingi-los. Mesmo que pareçam soluções que a empresa já tenha utilizado no passado e que não tenham sido satisfatórias, com absoluta certeza ele concluirá que você pesquisou e se interessou pelos projetos da organização. Um bom começo, não acha? Ele provavelmente vai chamá-lo para uma conversa, mesmo que seja para entender seus pontos e verificar o que você estudou sobre o mercado e a empresa. Com isso você conseguiu uma oportunidade de apresentar-se e mostrar suas habilidades. Veja que não se resume a apenas uma carta encaminhando um currículo, o que a maioria das pessoas faz, e que torna o simples envio uma ação padronizada e sem chances de chamar a atenção. A eficácia das cartas de marketing é estimada pelo número de entrevistas que geram. Em geral, um resultado entre 1% e 2% é bastante razoável. Se conseguir 5% é simplesmente fantástico.

Outra ação que deverá tomar sua atenção, porém com menos energia, é a resposta aos anúncios de jornais e revistas. Como já dissemos, não existem muitos anúncios de vagas nesses veículos, mas você deve estar atento aos poucos que surgem às quintas-feiras e aos domingos nos jornais e à seção de classificados de revistas como Exame, que deve adquirir sistematicamente enquanto estiver em processo de transição.

Os anúncios das vagas abertas divulgadas nos jornais nem sempre trazem a indicação da empresa contratante, e assim você não consegue confrontá-los com a lista de empresas-alvo. Pode ser um anúncio divulgado por um headhunter, uma empresa de seleção ou pela própria empresa contratante, que descreve as atribuições do cargo, o título, porém solicita que os interessados encaminhem os currículos para uma caixa postal.

Vale a pena chamar a atenção aqui para um tipo de anúncio que alguns headhunters utilizam, cujo objetivo é apenas receber currículos de determinadas áreas para aumentar os bancos de currículos, o que chamamos de sourcing. Alguns *headhunters* chegam até a chamar candidatos para entrevistas. As próprias empresas também utilizam essa prerrogativa para avaliar os salários que estão sendo pagos em comparação com os pretendidos nos currículos recebidos. Em ambos os casos, infelizmente, não são vagas reais. Como é difícil identificar essa prática, qual anúncio representa uma oportunidade ou não, responda ao anúncio e encaminhe seu currículo. Talvez sejam vagas fechadas em empresas, que estão sendo divulgadas em sigilo; se forem de *headhunters*, encaminhar seu currículo para eles faz parte de sua estratégia de gestão de carreira.

Reduzidas ou não, as vagas anunciadas em jornais e revistas sempre existiram e confirmam que várias estão disponíveis. Os cadernos de empregos esticam ou encolhem, de acordo com as oscilações do mercado, mas jamais deixam de existir. Para você acessar o fluxo de oportunidades que existe no mercado, inclusive as vagas fechadas, utilize diversos métodos, até mesmo aqueles com os quais não se sente confortável ou não está acostumado (na maioria das vezes o método do *networking*). Afinal, você não é especialista em procurar emprego (nem quer ser), porém deverá sê-lo nesse momento, pois tomou essa decisão e quer ter sucesso nessa empreitada.

Apesar de ser uma ação relativamente passiva de sua parte, é a única coisa que pode fazer de imediato, já que as empresas não solicitam que você as contate por telefone para uma primeira entrevista. Essa ação, porém, deve ser eficaz e diferenciada. Junte ao currículo uma carta de apresentação, que, embora parecida com a carta de marketing, deverá ter um conteúdo diferente. Como os anúncios trazem poucas informações sobre a vaga, o conteúdo da carta deverá ser mais genérico, porém destacando-se dos milhares de cartas da pilha recebida pelo anunciante. Procure relatar suas competências, fundamentadas em suas principais realizações, de forma a corresponder às preferências manifestadas no anúncio. Se houver algum indício do segmento de mercado em que a empresa atua, busque em seu Inventário de Realizações os resultados que comprovem sua experiência nesse mercado ou as competências que sejam transferíveis, tornando-o elegível à posição.

Uma dica: não encaminhe o currículo e a carta no dia seguinte ao anúncio. Aguarde uma semana para que o material chegue quando o selecionador estiver pronto para escolher entre os poucos finalistas. A primeira seleção de currículos será focada em aspectos eliminatórios, como possível deficiência no idioma solicitado, formação acadêmica desalinhada com a carreira, idade, sexo etc., e como o processo deve ser concluído com brevidade, o selecionador lançará mão dessas características para separar o joio do trigo. Sabemos que esses aspectos não comprometeriam o sucesso de um candidato no cargo, pois suas competências é que o farão elegível ou não, mas este é o momento de "limpar a mesa" e manter os currículos que correspondem exatamente às características pretendidas. Ao ser recebido uma semana depois do anúncio, seu currículo poderá ser avaliado com mais detalhes e critério, e o selecionador poderá visualizar se suas habilidades estão alinhadas às exigidas pelo cargo.

De modo geral, os anúncios geram poucas entrevistas ou respostas em vista da grande concorrência, porém o envio do currículo e da carta de apresentação deverá ser contemplado em sua estratégia e seu plano de marketing. Suas chances serão maiores apenas se a carta e o currículo forem de alta qualidade, tanto em aparência quanto em conteúdo, e suas qualificações atenderem clara e imediatamente às necessidades da empresa.

Alguns anúncios pedem que você informe o último salário e a pretensão atual. Não é exatamente nessa fase que você deveria tratar desse assunto, mesmo porque sua pretensão salarial dependerá principalmente dos desafios que a nova função lhe oferece e de seus interesses pela empresa, ou seja, não tem relação alguma com o último salário, que era resultado de sua relação com a empresa anterior. Essa solicitação é uma forma de eleger os currículos, mantendo apenas aqueles que se enquadram na proposta da empresa e eliminando os demais, porém, se você não mencionar a pretensão, poderá ser eliminado na fase inicial. Para contornar a situação, poderia informar "pretensões salariais em aberto" ou mesmo declarar uma faixa mais abrangente. Embora seja um risco, potencialmente não o elimina nesta fase e você deixa o assunto para ser discutido no momento oportuno.

Quando o anúncio for para uma posição aberta, a vantagem é que poderá preparar-se antecipadamente para o envio de seus dados. O próprio currículo poderá ser revisto e adaptado para que suas principais competências e realizações sejam apresentadas de forma a atender aos interesses da empresa. Sua carta de apresentação deverá indicar tanto seu conhecimento sobre o mercado quanto suas realizações; o currículo, anexo, tem o objetivo de detalhar suas qualificações. Lembre-se de que tanto o currículo como a carta de marketing são peças para atrair a atenção dos selecionadores, e o foco que você dá a elas será seu diferencial no processo.

Vejamos um exemplo de anúncio publicado em jornal e um modelo de carta.

Modelo de Anúncio de Jornal

Gerente de Marketing
Indústria de Alimentos

Cargo: Gerente de marketing. Responsável por toda a área de marketing da empresa, incluindo comunicação e *trade marketing*. Preparará e apresentará o plano de marketing de todas as famílias de produtos por segmento de mercado. Responderá ao vice-presidente comercial da matriz.

Perfil do Candidato: Oito a dez anos de experiência comprovada na área de marketing. Atualmente gerente de marketing de empresa de médio porte que atua na região Sul e Sudeste do País, com penetração em segmentos como padarias e mercados com até quatro *check-outs*, experiência no lançamento de novos produtos principalmente na linha infantil.

Se você atende aos requisitos e está preparado para fazer uma mudança de carreira rápida, envie seu currículo para Caixa Postal X:

Modelo de Resposta ao Anúncio

Ao

Jornal X

Ref.: Gerente de Marketing – Linha Infantil de Produtos

Prezados Senhores,

Minha experiência profissional e competências são a resposta aos requisitos declarados em seu anúncio.

Durante os dez anos que estive em indústrias de grande porte como a Plásticos Diadora e Metalúrgica ABC, tive sob minha responsabilidade todas as áreas de marketing, incluindo comunicação e propaganda, progredindo de assistente de comunicação a coordenador de publicidade e gerente de marketing.

Dentre minhas principais atividades, destaco o lançamento da linha infantil Que Delícia da empresa Delícia Ind. de Alimentos – MG, resultado de pesquisa de mercado, passando pela adequação da família de produtos com a inclusão de quatro novos itens, e desenvolvimento da campanha publicitária, envolvendo 50 mil pontos de venda. Os resultados alcançados geraram vendas adicionais no valor de R$ 2 bilhões no primeiro ano de produção.

Aumentei a participação no segmento de mercado padarias, passando de 16% para 35% em dois anos, por meio de um programa de fidelização e promoção nos pontos de venda.

Criei a campanha "Lácteos para Toda a Família", com veiculação em nível nacional, fortalecendo o recall da marca.

Sob minha gestão, desenvolvi um time com elevado grau de excelência com responsabilidade em pesquisar informações de mercado, depurá-las e transformá-las em informações gerenciais concisas e que apoiaram as principais decisões estratégicas.

Sou publicitário formado pela Universidade X, com pós-graduação em Administração de Empresas pela Universidade Y e domino bem o idioma inglês.

Meu currículo anexo detalha meus principais resultados nessa área de atuação nos últimos quinze anos, o que me qualifica para assumir a posição de gerente de marketing. Aproveito para sugerir uma reunião com os senhores para avaliar em conjunto como minhas competências poderão contribuir para o crescimento da organização.

Atenciosamente,

Anexo: Currículo

Ao fazer o plano de marketing para sua campanha, estime o tempo que dedicará às principais fases, definindo as prioridades para cada uma das seguintes estratégias:

- *Contatos telefônicos* – busca de indicações, apresentação para as empresas-alvo, *headhunters* e *follow-up* de contatos.
- *Contatos pessoais* – *headhunters*, empresas de seleção, *networking* e pessoas que decidem.
- *Cartas* – respostas aos anúncios, carta que acompanha currículo e cartas de marketing.

Tenha em mente que as decisões acontecem no contato pessoal e sua estratégia deve priorizá-lo, de forma a ter a oportunidade de apresentar-se, discutir suas competências, transmitir sua mensagem e expor-se.

Pessoalmente, a impressão que deixará sempre será melhor do que em um contato telefônico ou mesmo em uma carta bem elaborada.

Seu planejamento de marketing está baseado em sua habilidade de comunicação, para suas diversas interações com o mercado. Como essa habilidade é de grande importância no processo, no próximo capítulo abordaremos o desenvolvimento da comunicação oral e escrita.

Capítulo 5

Desenvolvimento de comunicação oral e escrita

Como vimos anteriormente, o objetivo da comunicação escrita, em suas diversas formas no processo de busca da nova posição, é criar a oportunidade da comunicação oral e presencial, ou seja, a entrevista. É nesse contato que você poderá expor suas competências da melhor maneira. Não há carta ou telefonema que venha a substituí-lo. Você estará diante de seu selecionador, avaliando suas reações, aprovações e reprovações, com a oportunidade de corrigir o rumo da conversa. Essa vantagem do contato pessoal é válida tanto para os encontros de *networking* quanto para as entrevistas.

Selecionadores de currículos, diretores de recrutamento e pessoas que decidem são bombardeados com milhares de cartas de candidatos. Se você quiser se destacar na multidão e conseguir uma entrevista pessoal, sua comunicação de forma geral precisa ser extraordinária.

O desenvolvimento de seu plano de marketing, até agora, permitiu que você adquirisse uma compreensão profunda de seu perfil profissional – seus valores, pontos fortes, principais realizações, competências, do que você gosta e do que não gosta – e definisse sua empresa ideal, com base nas competências que possui e que são valorizadas pelas empresas, bem como o ambiente ideal às suas necessidades. Você também já se familiarizou com várias técnicas de busca de oportunidades, criou uma lista de empresas-alvo e desenvolveu seu currículo; esses são os componentes fundamentais da preparação para a transição, que fornecem os parâmetros de sua abordagem de marketing.

Para que você tenha êxito em sua transição, é importante que a comunicação para apresentação de seu "produto" seja eficiente a seus "compradores" potenciais. Desenvolver um processo de comunicação de maneira a transmitir a mensagem sobre seu "produto" e ser aceito e desejado pelos "compradores" é uma responsabilidade apenas sua.

Cartas de apresentação e de marketing

Muitas cartas de marketing poderão ser utilizadas na campanha por possuírem como finalidade promover e apresentar um produto – você. Essas cartas deverão ser encaminhadas a um executivo das empresas-alvo onde você não identificou nenhum contato em sua rede. As cartas de apresentação não são cartas de marketing, pois acompanham seu currículo apenas quando forem encaminhadas às empresas de seleção e aos *headhunters*. Nunca anexe seu currículo a uma carta de marketing, pois esta tem a finalidade de apresentar você à empresa de forma diferenciada.

No primeiro parágrafo inicie com uma breve descrição de suas realizações relacionadas ao cargo pretendido. Não use frases como "meu objetivo é trabalhar numa organização para que possa aprender e crescer". Se você quer aprender, procure uma instituição de ensino, não uma empresa, pois você será contratado por estar preparado para produzir resultados imediatos e fazer a empresa crescer; você e a empresa crescerão juntos por consequência.

Sua carta deverá atrair a atenção do selecionador pela qualidade do texto. O selecionador só se manterá interessado se encontrar um assunto que esteja relacionado a seus próprios desafios na organização. Para isso, como dissemos, é necessário que você estude tanto a empresa quanto o setor em que está inserida. Encontre situações e desafios que a empresa esteja vivenciando no setor. Paralelamente, estabeleça uma relação entre as experiências que você acumulou em sua trajetória e essas situações e complemente com informações sobre sua capacidade de contribuir.

Em geral, as empresas têm três razões para contratar um profissional. Sua comunicação escrita deverá sempre relacionar uma ou mais dessas razões:

- Aumento do volume de vendas: é uma das principais razões pelas quais as empresas investem em novas contratações. Não há empresa que não tenha esse objetivo como prioritário.
- Redução dos custos operacionais: já se foi o tempo em que os preços de vendas mantinham margens elevadas, de modo a absorverem toda sorte de custos, diretos ou indiretos. Com a globalização e o aumento da competitividade, cada centavo será somado à última linha do balanço, livre de impostos. Portanto, esta é a segunda razão mais importante pela qual as empresas buscam profissionais no mercado.
- Adição de novas competências em seu quadro de funcionários: com as constantes mudanças sofridas pelas organizações para se adequarem às exigências do mercado, são necessárias novas competências. De competências essenciais, para que se mantenham competitivas, passando pelas competências das áreas que vão dar suporte a elas e, finalmente, às individuais, que representam a capacidade de o indivíduo produzir resultados duradouros. Atualmente se exigem dos profissionais habilidades como trabalho em equipe, gestão e liderança de pessoas, capacidade de identificar novas oportunidades no mercado, entre outras. Nem sempre essas competências podem ser desenvolvidas naqueles

que já estão na organização e, portanto, a empresa vai buscar no mercado outros capazes de atender a essa demanda.

Você deve buscar, em seu Inventário de Realizações, as histórias de sucesso que estão relacionadas a uma ou mais dessas razões e competências que a empresa busca.

Por exemplo, para aumento das vendas, você poderia descrever:

– "Aumentei as vendas de produtos lácteos em 12% com a ampliação da base de clientes do segmento de padarias."

– "Elevei em 5% as vendas de detergentes biodegradáveis no segmento de supermercados, com a implantação de um eficiente trabalho nos pontos de venda."

Para redução de custos, você pode usar os seguintes exemplos:

– "Reduzi o custo de produção de material promocional em 7% por meio do desenvolvimento de novos fornecedores."

– "Reduzi o custo das atividades terceirizadas de degustação no ponto de venda em 14% com a criação de grupos móveis de promotores."

Para a adição de novas competências, podemos exemplificar:

– "Gerenciei grupos de projetos especiais com a finalidade de implantar um sistema de gestão integrado."

– "Identifiquei no mercado a oportunidade de lançar uma nova linha de produtos lácteos com base em pesquisas qualitativas com os consumidores finais."

– "Selecionei e treinei uma equipe de promotores para dar suporte à campanha de marketing em execução."

Observe que essas realizações estarão em consonância com os objetivos de boa parte das organizações e, portanto, devem ser o ponto central de suas cartas de marketing direcionadas diretamente às empresas, na pessoa que decide ou que influencia as contratações.

Vejamos um exemplo de uma carta de marketing.

Data

Empresa

Endereço

CEP – Cidade – Estado

At. Sr.

Cargo

Prezado Senhor,

As mudanças por que passa a economia e seus reflexos, no cenário competitivo das organizações do setor de varejo de material de construção, vêm impulsionando os principais *players* do setor a buscar alternativas para o aumento das vendas com concomitante redução nos custos operacionais.

Em períodos recentes, elevados investimentos em estoque de mercadorias, com fins especulativos, eram a melhor forma de proteger o conjunto de ativos contra os riscos advindos do ambiente inflacionário, bem como de atender às demandas dos clientes que entram na loja e querem receber sua mercadoria no menor espaço de tempo possível. O cenário agora impõe aos varejistas uma nova política de estoque para que possam ser transferidos aos fabricantes, numa complexa operação de logística e distribuição, garantindo tanto o atendimento às demandas dos consumidores como a menor exposição do capital empregado.

Essas mudanças, no meu entender, trazem não apenas o risco inerente às operações, mas também oportunidades reais para sua empresa.

O que me permite fazer essa afirmação é o fato de minha carreira profissional ter sido pautada nas áreas de marketing e vendas. Adquiri profunda experiência no desenvolvimento, na implantação e no gerenciamento de diferentes linhas de produtos e serviços no segmento de materiais de construção, da idealização à completa implantação, alcançando resultados positivos e concretos nas organizações para as quais tive oportunidade de trabalhar.

Minha experiência profissional foi construída por uma carreira crescente na área comercial. Recentemente como gerente comercial, fui responsável pelas linhas de produtos de materiais para acabamento de uma grande empresa de varejo nacional, com faturamento total de R$ 1 bilhão/ano, do qual 35% era representado por minha linha. De minhas atividades, ressalto o desenvolvimento de novos produtos locais e estrangeiros, comercialização nas lojas e gestão dos estoques, por cujos resultados financeiros fui responsável.

De minhas competências gerenciais, destaco a forte orientação para resultados, visão estratégica e a capacidade de liderança de times. Estou em busca de associar-me a uma empresa que esteja buscando inovar e alcançar sólidos resultados num ambiente econômico dinâmico e competitivo, onde eu possa colocar em prática e maximizar o uso de meus conhecimentos.

Sou fluente em inglês, com bons conhecimentos de espanhol, tenho formação acadêmica em engenharia civil pela Universidade X e pós-graduação em marketing pela mesma universidade.

Dentre minhas competências gerenciais, destaco a forte orientação para resultados, visão estratégica e a capacidade de liderança de equipes, e estou em busca de associar-me a uma empresa onde possa colocar em prática e maximizar o uso dos meus conhecimentos, que esteja buscando inovar e alcançar sólidos resultados num ambiente econômico dinâmico e competitivo. Gostaria de agendar uma reunião para que possa discorrer sobre os principais resultados alcançados em minha carreira e sobre como minha experiência poderia agregar valor à sua empresa.

Desde já agradeço a atenção e tomarei a liberdade de contatar-lhe por telefone nos próximos dias para encontrarmos um espaço em sua agenda para esta reunião.

Atenciosamente,

Assinatura,

Cartas como essa devem ser escritas e revisadas sempre que você intencionar contatar uma empresa para a qual não tenha sido recomendado por alguém de sua rede de relacionamentos. Como já dissemos, escreva um novo texto para carta de marketing, baseado no estudo preliminar da empresa e do mercado onde atua, relacionando, vale lembrar, suas histórias de sucesso e competências às necessidades da empresa. Desnecessário dizer que o texto deve ter forma e aparência impecáveis. Utilize os recursos disponíveis para a correção e formatação. Jamais envie uma carta com erros ortográficos e sem uma formatação profissional.

Entrevistas

Como o objetivo dos contatos por telefone ou por carta de marketing é conseguir uma oportunidade de contato pessoal, você deve estar preparado para esse momento. Não me refiro apenas ao estudo das características da empresa e do mercado, que, como dissemos, você deverá obter para demonstrar familiaridade e às quais deve alinhar suas histórias. Refiro-me à postura pessoal, de como você se sairá no contato com o interlocutor. Você precisa dominar bem as habilidades de comunicação interpessoal, que, como quaisquer outras, podem ser desenvolvidas e melhoradas.

Ao chegar ao local da entrevista, procure perceber o ambiente antes da reunião. Anote como as pessoas agem, estão vestidas e comunicam-se. Esses aspectos lhe fornecerão uma boa mostra do clima organizacional, se é burocrático ou descontraído, se as pessoas agem de forma simples ou mais formal. Em geral as empresas norte-americanas são mais informais nos relacionamentos internos do que boa parte das empresas europeias e asiáticas, cujos funcionários são mais contidos tanto nos trajes quanto no relacionamento entre si. É importante que você tenha escolhido um traje adequado para cada um desses ambientes, de modo a não se sentir deslocado nem desconfortável, o que causará impacto em seu desempenho durante o contato. Não quero dizer que deve deixar de ser você mesmo. Procure evitar situações em que você não seja reconhecido como alguém que poderia fazer parte daquele grupo e chame a atenção. Porém, se estudou a empresa antecipadamente e decidiu tentar uma oportunidade na organização é porque seu estilo e seus valores estão alinhados.

Como terá inúmeras oportunidades de apresentar-se e falar de si mesmo nos contatos de *networking*, seu discurso estará mais consistente. Você perceberá que falar sobre si mesmo é uma questão de conhecer seus pontos mais fortes, saber tratar as objeções, e concentrar-se sempre em suas realizações mais importantes. Com isso se sentirá cada vez mais à vontade. Procure melhorar essa habilidade, no entanto, sempre que possível: use um gravador ou ensaie com a família e os amigos.

Em meus encontros com candidatos a uma posição, é comum perceber que eles passam boa parte da entrevista falando das empresas onde trabalharam. Falam das estratégias de mercado e dos planos, apresentam dados financeiros, explicam em detalhes como a empresa superou determinada dificuldade. No final fiquei sabendo muito sobre a empresa, mas nada sobre o profissional. O entrevistador não está interessado em conhecer os detalhes da empresa, mas sim em saber o que você fez e em que contribuiu de forma efetiva nos resultados. Com base em seu relato dos resultados, o selecionador procura identificar aqueles que possam ser traduzidos em competências para a posição. Por isso, você deve estar muito bem preparado.

Embora as habilidades de escrever e falar sejam muito valorizadas, ouvir é igualmente importante no processo de comunicação. Mesmo que você se considere um excelente ouvinte, faça um teste consigo mesmo. Assista a um DVD e peça que alguém faça perguntas sobre o conteúdo. Você ficará surpreso ao descobrir quantas perguntas ficarão sem resposta. Isso ocorre pela falta de concentração nas palavras ouvidas. Não se trata apenas de ouvir, mas sim de compreender. Quando somos apresentados a alguém, esquecemos de imediato o nome da pessoa pelo simples fato de não nos concentrarmos. Não se preocupe, porque podemos aprender a ouvir com atenção e melhorar essa habilidade.

Uma técnica muito útil é parafrasear o que você ouviu, ou seja, reafirmar ou repetir uma frase, de forma a parecer que concorda com o assunto. Quando for preciso memorizar o nome de uma pessoa, você deve repeti-lo ao ser apresentado a ela. Será uma demonstração de atenção e respeito. Relacionar o nome dessa pessoa a alguém que lhe seja próximo também é eficiente. É preciso ter cuidado para não exagerar porque nem sempre é possível repetir tudo, mas você pode fazê-lo mentalmente.

Outra técnica é concentrar-se em determinado assunto relevante na entrevista. Essa concentração vai ajudá-lo a compreender as entrelinhas, aquilo que não está expresso. Uma entonação maior pode revelar uma preferência sobre as alternativas que estão sendo discutidas.

Procure manter, na maior parte do tempo, o olhar fixo no interlocutor; pois os olhos do interlocutor dirão muito ao longo da conversa. Perceba o que chama sua atenção e como ele reage a seus comentários e suas explicações.

Outra técnica importante é saber usar o silêncio. A maioria das pessoas se incomoda com o silêncio repentino numa conversa, mas numa entrevista é uma demonstração de que você aguarda que seu interlocutor prossiga com suas ideias. Ele vai preencher esse espaço com novas informações ou mais detalhes, que serão importantes para sua melhor compreensão do cenário que envolve a vaga e ajudarão suas respostas e considerações. Além do mais, deixar que o outro se manifeste é uma forma de conhecê-lo melhor ou saber mais sobre a opinião dele sobre o assunto que estão discutindo.

Estilos de interlocutor

Seu interlocutor pode ter um estilo mais reflexivo, ou seja, ser mais imaginativo, conceitual e de visão estratégica. Esse tipo de pessoa concentra muita importância nas novas ideias, na inovação e na visão de longo alcance. Procura mostrar que possui imaginação, porém é em geral indeciso no momento em que deve tomar uma decisão. Com isso, torna-se uma pessoa mais teórica do que prática. Vai dar mais atenção às suas considerações sobre como vê o futuro do que aos detalhes de sua trajetória, uma vez que esta representa o passado. Nesses casos, o ideal é você ponderar sobre suas capacidades de mudança e adaptação aos cenários futuros e mostrar como seu trabalho poderá contribuir para que a área sob sua responsabilidade seja flexível o suficiente para enfrentar as mudanças.

Outro estilo de interlocutor é o racional e lógico. Ele vai demonstrar muito ceticismo se você fizer ponderações que não venham acompanhadas de pesquisas ou validações em fatos reais. Como é estável e persistente, se preocupa menos em demonstrar emoções e valoriza muito a comunicação organizada e detalhada, sem emitir juízo de valor ou opiniões, a menos que os fatos exijam. Para lidar bem com uma pessoa desse estilo, o ideal é falar sobre suas realizações que estejam relacionadas, por exemplo, a projetos que tenham sido conduzidos por você, seja no papel de líder, seja no de coadjuvante. Nesses projetos, exige-se a capacidade de gerenciar diversos aspectos ao mesmo tempo, bem como de liderar equipes cujos membros não são subordinados diretos.

Existe também o estilo afetivo, que, em geral, valoriza a interação humana. Esse tipo de interlocutor se sente estimulado pelo contato com as pessoas, por quem demonstra preocupação e compreensão. É muito bom em "ler as entrelinhas", aquilo que não é declarado, que muito o interessa. Valorizava muito a experiência adquirida na carreira e, com o passar do tempo, essa pessoa, na maturidade, prioriza mais a comunicação pessoal do que o contato impessoal. Ela demonstrará essas atitudes durante o encontro, e você logo perceberá. Nesses casos, o ideal é demonstrar suas habilidades de relacionamento com seus pares nas empresas onde trabalhou: como desenvolveu seus subordinados e apoiou as iniciativas deles, como eram suas relações com seus pares e superiores. Se uma de suas competências for, por exemplo, a liderança de equipes, ela atrairá a atenção do interlocutor de estilo afetivo, que procurará entender de que modo você desenvolve seus subordinados.

Outro estilo de interlocutor é o pragmático. Esse tipo de pessoa tem elevado foco em resultados concretos, palpáveis, que tenham sido construídos e alcançados na carreira. Ele entende que a ação das pessoas é a melhor forma de avaliar o compromisso que elas têm pelos objetivos organizacionais. Em geral são vistos como a força propulsora nos departamentos e são valorizados pela energia e capacidade de transformar ideias em resultados concretos. Para que seu contato seja eficiente, o melhor é apontar os projetos com resultados mensuráveis de sua trajetória, cuja ideia e implantação foram concebidas por você. Mencione realizações como aumento de vendas e de participação de mercado, redução de custos e de tempo de produção, entre outros, porém sempre acompanhadas dos números que as qualificam, pois é por esse critério que você será avaliado.

A essa altura você deve estar se perguntando: se tenho meu próprio estilo, que deve ser um dos citados, como posso ser capaz de me relacionar com os demais estilos? Bem, em primeiro lugar, é vital reconhecer que existem diferentes estilos de interlocutores, com os quais você vai se deparar em seus contatos. Além disso, é importante saber qual é seu próprio estilo. Você já se identificou com algum deles?

É bem verdade que as pessoas não têm um estilo único. Somos uma combinação de todos, com a predominância de um. Esse fato é importante, pois garante que você saiba reconhecer os estilos das pessoas e, principalmente, que é capaz de se adaptar a cada um deles, já que você também tem em sua personalidade todos os estilos em maior ou menor grau.

Finalmente, preste atenção aos movimentos do corpo, pois, acredite, ele realmente fala. Nós nos expressamos com movimentos de forma involuntária e natural. Por exemplo, quando falamos com uma pessoa que cruza os braços enquanto nos ouve, é muito provável que o assunto não esteja interessando a ela. Nesse caso, seria improdutivo continuar falando. Para retomar a atenção da pessoa, você pode, por exemplo, fazer uma pergunta ou mesmo pedir a opinião dela sobre uma informação adicional. Com isso, o interlocutor se reposicionará e se manifestará, retomando o interesse. Preste atenção a seus próprios movimentos, afinal você se manifesta por meio deles. Sorrisos e acenos de concordância com a cabeça sempre serão bem recebidos pelo interlocutor.

Concluindo, aprimore sua habilidade de escrita para criar cartas exclusivas que despertarão interesse e possíveis contatos pessoais. Elas deverão trazer em seu conteúdo suas principais realizações de acordo com cada objetivo. Aprimore, também, suas habilidades de apresentação e adaptação aos diversos estilos de interlocutor, bem como a de ouvir para dinamizar sua exposição no mercado.

Sua segurança, que é fundamental nesse contato, virá com o conhecimento de suas principais realizações e você se sentirá confortável em falar sobre suas competências, as quais serão avaliadas.

Capítulo 6

Preparação para a entrevista

Até que o importante momento da entrevista ocorra, você deve estar muito bem preparado. Lembre-se de que uma entrevista não significa que conseguiu o emprego, mas que, em sua trajetória de transição, você chegou muito próximo de seu objetivo. É importante ter autoconfiança, porém não permita que o sentimento de "já ganhou" lhe suba à cabeça.

Como mencionamos no capítulo anterior, você precisa avaliar o ambiente da entrevista. É importante saber que a pessoa que possui a decisão de contratá-lo ou não também está ansiosa. Para ela, a entrevista de seleção não é uma maneira infalível de contratar um profissional. Muitos profissionais experientes de recursos humanos incorrem também no erro de fazer escolhas equivocadas para suas empresas por meio da entrevista de seleção. Com tantas entrevistas ao longo da carreira, conseguem apenas esconder os receios melhor do que você, pela experiência que desenvolveram. O principal receio é não conseguirem detectar, na entrevista, os problemas que você poderá causar à empresa, se for contratado.

Se você chegou à entrevista é porque estudou muito bem a empresa, conhece suas competências mais relevantes e as ameaças do mercado em que está inserida. Por melhor que tenha sido esse estudo, as informações de que dispõe nunca serão suficientes para lhe dar certeza de que essa empresa é a mais adequada a seu perfil, muito próxima da empresa ideal que você desenhou no início deste livro. Portanto, seu papel neste encontro não é convencer seu interlocutor a contratá-lo.

Eu sei que você está ansioso pelo emprego, porém esse momento é importante para sua carreira, e você deve ter calma e serenidade para avaliar o cenário todo. Use o encontro como uma chance de reunir informações mais aprofundadas a respeito da empresa, cultura e do perfil de gestor que eles valorizam, o clima organizacional etc. Você está sob julgamento, é bem verdade, porém neste momento o avaliador e a empresa também estarão sob o seu julgamento. É importante que você faça uma avaliação da empresa e do próprio avaliador para ter em mente um quadro muito mais claro. Se não o fizer nesse momento, acabará fazendo após a contratação, já trabalhando na empresa. Você poderá perceber que está muito distante do que desenhou para sua carreira e se vir obrigado a deixar a empresa após alguns meses, o que seria um perigo para sua autoestima e trajetória profissional, como já falamos. Nesses casos, há uma sensação de derrota, de trabalho malfeito com graves consequências, como ser visto no futuro como alguém instável, e de retorno à busca de um emprego, ponto em que não gostaria de estar mais.

O processo de transição na carreira de um profissional pode ocorrer de cinco a oito vezes ao longo da vida profissional, porém o importante para você é que essas transições ocorram de forma planejada, com muita preparação e estratégia, e não seja por um mero acaso.

Voltemos à entrevista. A primeira coisa a fazer é manter uma postura positiva e colaborativa. Mais do que simplesmente fazer perguntas que respondam a *suas* necessidades e *seus* interesses, procure saber quais são as necessidades da empresa que você pode atender. Significa dizer que você está ali para demonstrar seu interesse em como colaborar, com suas competências, para os objetivos daquela organização. Essa é uma postura raramente vista em processos de entrevistas, e o que se encontra no dia a dia são perguntas do tipo: "Como a empresa vai investir na minha carreira?", "Qual o plano de crescimento oferecido para o cargo, caso venha a ser contratado?", "Qual a remuneração oferecida?" e assim por diante. Todas essas perguntas têm o foco no que a empresa pode fazer por você, porém você está sendo avaliado justamente para saberem o que *você* pode fazer por ela. Não quero dizer aqui que essas questões sejam irrelevantes, de forma nenhuma, e deverão ser respondidas a seu tempo, porém a entrevista é o momento inadequado para fazê-las. Mude o foco para questões como: "Quais os principais desafios desta posição?", "Quais as principais competências que a pessoa que ocupá-lo deve possuir?", "O que se espera que esse profissional faça pelo desenvolvimento de seus subordinados?", "Quais as metas e os objetivos desse cargo?". Bem, você poderia incluir uma infindável lista de perguntas nesse foco. Não se preocupe em decorar todas as respostas, pois esse não é o ponto. Vamos, agora, nos concentrar nas questões específicas que seu entrevistador está procurando nesse momento.

A primeira dessas questões é entender por que você está no processo seletivo, ou seja, o entrevistador deseja saber por que você chegou até lá. Essa questão também inclui entender por que você gostaria de trabalhar naquela organização. Os entrevistadores valorizam sobremaneira uma postura comprometida dos candidatos, quase de encantamento, com a empresa. É, de fato, uma questão de postura. O entrevistador quer perceber se o candidato tem como maior sonho trabalhar para a organização e se dará o melhor de si, ou se apenas ficará se escondendo pelos cantos esperando a jornada do dia se encerrar.

Lembro-me de um executivo que havia deixado uma empresa para aceitar a proposta de outra. Ele atuava no sistema financeiro, vinha crescendo de forma irregular, ora com posições de comando, ora com cargos de executor de processos. Quando lhe perguntei por que havia aceitado a proposta, respondeu-me que havia sido procurado por um *headhunter*, que o convidou a participar do processo seletivo, resultando na mudança. Então lhe perguntei qual havia sido a motivação para deixar a empresa onde estava para ingressar numa terceira. A resposta, nesse caso, foi o convite de um amigo, que ele decidiu aceitar, pois a oportunidade representava um aumento de remuneração. Como ele havia passado por algumas transições, insisti na mesma pergunta. Ele foi justificando as mudanças de empresas por ter sido convidado por um *headhunter* ou por um contato de sua rede de relacionamentos.

Nos contatos com executivos, procuro geralmente perguntar as razões pelas quais eles mudaram de uma empresa para outra em suas carreiras. Nove entre dez executivos respondem que fizeram a mudança porque foram convidados por um *headhunter* ou porque a rede de relacionamentos lhes trouxe a oportunidade. Apenas um entre dez responde que seu objetivo de carreira era mudar para determinada empresa e que traçou um plano para fazer a transição. Percebo que não existe outro objetivo na carreira desses executivos a não ser elevar os ganhos. Essa ausência de objetivos salta aos olhos, inclusive dos entrevistadores, e denota uma falta de compromisso com as organizações. O entrevistador quer saber se o profissional está comprometido com sua carreira, se a posição para a qual está sendo avaliado será importante para seu crescimento, e se a transição faz parte de um plano, e não apenas "interessante para o momento".

Como já dissemos, o entrevistador quer saber o que você pode fazer pela empresa. Como ele conhece os problemas por que passa a empresa e principalmente aqueles que envolvem o cargo, precisa saber se você reúne as competências necessárias para resolvê-los. Na verdade, ele quer saber se você fará parte do problema ou da solução. Nesse momento, você deve apontar as histórias de sucesso de sua carreira que comprovem a capacidade de resolver os problemas da empresa. Observe que, neste momento, você está sendo comparado com os demais finalistas e, portanto, o entrevistador vai procurar, ao longo da conversa, identificar seus diferenciais.

Algumas outras questões o entrevistador busca ter respondidas nesse encontro, como encontrar o perfil de comportamento que esteja alinhado com a cultura e o clima organizacionais. Então, ele vai querer entender seu estilo profissional, como você se relaciona com seus pares, subordinados e superiores, como reage sob pressão e qual o seu estilo de vida fora da empresa. Normalmente, nesse aspecto, as empresas não gostariam de ter em seu quadro profissionais que arriscam a vida em esportes radicais, ou mesmo que utilizem com frequência motocicletas (claro que isso não se aplica se você estiver se candidatando a uma vaga numa fabricante de motocicletas), ou ainda que sejam fumantes (irrelevante, caso pretenda trabalhar numa fabricante de cigarros). Para as empresas, esses profissionais estão expostos a acidentes e riscos à saúde que poderão afastá-los das atividades na empresa, o que representaria prejuízo.

Não existe o comportamento certo ou errado de um candidato, mas sim aquele que esteja em perfeita harmonia com os demais funcionários na organização. Há uma tendência nas empresas de criar grupos que compartilhem os mesmos objetivos, tenham o mesmo estilo de vida e de trabalho. O que é muito curioso, quando olhamos sob o prisma da diversidade cultural e de seu valor para as organizações. Felizmente, de forma ainda modesta, mais e mais as empresas vêm encontrando os benefícios que a diversidade cultural traz em seus quadros funcionais.

Para refletir

No Brasil, determinados padrões culturais se desenvolveram em vista da formação de uma população culturalmente miscigenada pelos casamentos inter-raciais. Nós, brasileiros, valorizamos nossa origem diversificada, incluindo raízes africanas, presentes na música, na alimentação, no sincretismo religioso. Gostamos de imaginar que somos uma sociedade sem preconceitos racial. Por outro lado, somos uma sociedade estratificada, em que o acesso às oportunidades educacionais e às posições de prestígio no mercado de trabalho é definido por origens econômica e racial.

Diversidade não se resume apenas às diferenças de gênero e raça. Devemos ampliar esse conceito além do rótulo de recursos humanos, centrado em raça e gênero, para uma visão que envolva os temas estratégicos das corporações modernas. É uma visão do ponto de vista empresarial, que não se resume às diferenças entre grupos. Em primeiro lugar, vemos a diversidade como um sinônimo de *diferenças*, ou, ainda, como as qualidades que são diferentes. Devemos também olhar as *similaridades* da ótica que inclui todos os aspectos estratégicos da organização. Gestão da diversidade está relacionada ao desafio de atender às necessidades da força de trabalho culturalmente diversa e de sensibilizar os trabalhadores e gestores às diferenças associadas com gênero, raça, idade e nacionalidade, com o objetivo de maximizar a produtividade potencial de todos os empregados.

Em um país como o Brasil, com uma sociedade heterogênea e com muitas desigualdades sociais, o tema da diversidade cultural assume relevância. Do ponto de vista das empresas, o foco precisa ser menos ideológico e mais estratégico, para que possam emergir programas. O caminho promissor é ampliar o foco de atuação, incorporando, a esse programa, objetivos econômicos e sociais, mostrando como a política de gestão da diversidade pode atrair e desenvolver novas competências, adicionando valor ao negócio. Uma organização que promove a diversidade busca, em geral, espelhar em sua força de trabalho a sociedade em que está inserida. Acredita-se que, se os empregados refletirem o perfil demográfico dos consumidores, a empresa estará mais capacitada a oferecer produtos ou serviços mais sintonizados com as expectativas e necessidades do mercado. Capitalizando os benefícios potenciais da diversidade cultural em grupos de trabalho, as organizações podem ganhar vantagem competitiva em criatividade, resolução de problemas e flexibilidade para mudanças. Pense nisso, quando assumir posições gerenciais em que sua principal responsabilidade será lidar com pessoas diferentes e extrair delas seus melhores resultados.

Por fim, o entrevistador vai lhe perguntar qual sua pretensão salarial, seu pacote de remuneração, caso venha a ser contratado. Como dissemos, esse não é o momento de discutir o assunto. Qualquer que seja sua proposta, ela servirá como item eliminatório, ou seja, o entrevistador terá essa informação apenas como item que pode eliminá-lo do processo, caso não tenha condições de atender à sua exigência. Você deve deixar o assunto para o momento em que já tenha sido escolhido entre os demais candidatos, quando a empresa estará disposta a negociar o pacote, numa tentativa de trazê-lo. Os *headhunters*, quando contratados, recebem seus honorários calculados em bases a um valor de salário da vaga estipulado no momento da contratação dos seus serviços. Quando o processo é concluído e o candidato finalista é aprovado, via de regra, o salário fechado pela empresa supera o acordado no início do processo. Isso acontece porque os *headhunters* indicam para avaliações tanto profissionais que atendem à demanda da vaga, como alguns que a superam substancialmente. São exatamente esses profissionais que se tornam os finalistas, o que faz as empresas negociarem o salário até um limite aceitável, que o será no momento final do processo, não no início, pois já identificaram os benefícios da contratação daquele profissional para a organização e não querem perdê-lo.

É nesse ponto que a empresa já decidiu que precisam de você e fará o necessário para tê-lo no quadro. Obviamente a empresa, mesmo com essa certeza, terá suas limitações quanto ao pacote de remuneração. A maioria trabalha com uma faixa salarial, que inclui demais benefícios e bônus por resultados. Como apontamos no Capítulo 4, seu último salário era resultado da relação com a empresa anterior e nada tem em comum com os novos desafios que esta empresa pode lhe oferecer, o que resultará, portanto, num novo pacote. Não se baseie nos dados do passado; você precisa conhecer a faixa salarial do cargo praticada na empresa ou em empresas similares.

Para tanto, faça uma pesquisa. O ideal é ter um contato nessa empresa que possa informá-lo sobre o sistema de remuneração, bem como sobre o clima organizacional, a situação interna da empresa etc. Bem, às vezes não é possível acessar um funcionário da empresa, então a alternativa é procurar essas informações em empresas similares, por meio de contatos. Para se manterem competitivas no mercado, as empresas fazem pesquisas regulares de salário e equiparam o custo da folha de pagamento aos limites aplicados pela maioria.

Outra alternativa são as consultorias em recursos humanos, ou que atuem nessa área, como a Deloitte, que estuda regularmente os salários e os fornece para empresas clientes. Esse estudo é segmentado por tamanho da empresa, setor de atuação, região do País e níveis hierárquicos. A empresa não fornece essa informação a profissionais, porém você pode obter essas informações por meio de um contato de uma empresa cliente que utilize o relatório. Alguns jornais também fazem pesquisas similares, porém os dados são mais genéricos. O salário de um gerente de vendas divulgado em jornais, por exemplo, não possui necessariamente as mesmas características do cargo que você está pretendendo. É apenas um bom indicador.

Por fim, você pode recorrer, por meio de um contato, a consultorias em *outplacement* (que possuem programas de transição de carreira), que utilizam dados como descrições de cargos, remuneração e benefícios. De forma geral, você teria acesso direto apenas às informações nos jornais.

Para ter acesso às outras fontes, você terá de recorrer a um contato de sua rede de relacionamentos que tenha acesso direto a ela.

Após todas as etapas de entrevistas terem sido vencidas, e de posse dessa informação, torna-se muito mais claro para você conduzir a negociação salarial. A faixa pela qual essa negociação será representada pode estar entre R$ 7 mil e R$ 9 mil para a função de um gestor iniciante. O bônus por resultados pode estar entre dois e quatro salários. Já os benefícios têm um leque muito mais amplo e dependem exclusivamente do porte e segmento de atuação da empresa. Eles podem incluir plano de saúde e assistência odontológica extensivos aos familiares, previdência privada, seguro de vida, auxílio-alimentação, auxílio-farmácia, veículo para uso quando em serviço etc. Empresas que atuam em segmentos mais competitivos possuem benefícios mais agressivos como forma de reter seus talentos, como ações da empresa, auxílio-educação, auxílio-moradia etc., mas o mais expressivo é o bônus por resultados, que pode alcançar até 15 salários.

Ainda que a empresa tenha esse amplo espectro de benefícios, o entrevistador vai negociar o salário e não cada um dos itens, pois esse pacote faz parte da política de recursos humanos e já está estabelecido. Os benefícios oferecem muito pouca margem de manobra. Talvez você possa incluir curso de idiomas ou auxílio-moradia temporário, se tiver de mudar de cidade, ou ainda um curso de especialização. Esses itens não seriam relevantes para aceitar ou recusar a posição. Portanto, concentre-se em procurar apenas as informações relevantes ao salário e estar preparado para negociar dentro da faixa com seu futuro empregador.

Alguns diretores de recursos humanos me dizem que, num processo de negociação, quem faz a primeira oferta geralmente é aquele que acaba cedendo mais. Fato ou não, já que em meus estudos acadêmicos nunca vi nenhuma pesquisa conduzida com esse propósito, você não deveria ser o primeiro a fazer a oferta, por uma razão muito simples. Espera-se que o negociador da empresa inicie com uma oferta bem próxima do ponto mínimo da faixa, assim ele teria espaço de manobra para ampliar a oferta, caso não aceite a primeira. Se ele fizer a primeira oferta, você terá como deduzir qual a faixa daquela posição, ou seja, algo em torno de 30% ou 40% acima seria o ponto máximo. Da mesma forma que ele iniciou com o ponto mínimo da faixa, não poderá fechar com uma oferta que represente o ponto máximo. Isso porque, na gestão de sua carreira na organização, você precisará de tempo dentro da nova função para "caminhar" na faixa, antes de receber uma promoção ou mesmo um aumento de salário por mérito.

Você pode estar pensando que muitas vezes não tem como deixar de responder à pergunta "Quanto você quer ganhar?" no final da entrevista e sente-se na obrigação de dizer algum número. Responda: "Acredito que no momento adequado, quando estivermos certos de que minha contratação será importante para a organização, poderemos chegar a um bom termo", ou, ainda, "Como vocês pretendem remunerar essa função?". De qualquer forma, você percebe como é importante conhecer a faixa do cargo em questão na empresa, do contrário, será um belo tiro no escuro dar como resposta qualquer quantia, caso se veja obrigado a responder um valor.

Entretanto, cuidado com a postura. Não considere esse embate como uma batalha de vida ou morte, cujo objetivo é destruir o oponente. O selecionador está longe de ser um oponente, pois já tomou a decisão de que quer contratá-lo e será um de seus parceiros em sua trajetória na organização. Ele está fazendo o papel de contratar o melhor pelo menor custo possível. Então, nessa negociação, você deveria levar em conta outros aspectos mais importantes que apenas a remuneração. Lembre-se de que o salário, embora importante, sem dúvida, não ficará ao seu lado o dia todo na mesa de trabalho; ele servirá para pagar seus compromissos. No entanto, é justamente o local de trabalho, os colegas com quem se relaciona dia a dia, seus desafios, seu chefe e o ambiente que fazem de seu emprego o que ele realmente representa para você. Esse dia a dia fará a diferença entre a satisfação e a síndrome do *Fantástico*.

A negociação representa seu próximo passo de carreira, o início de uma nova experiência profissional, que a cada dia trará desafios que o farão crescer como pessoa e profissional. É a isso que você deve se ater. Você estudou a empresa antes de aceitar a proposta, informou-se sobre a faixa salarial, avaliou os pontos fortes e fracos e, principalmente, o ambiente, então o processo de negociação torna-se apenas uma confirmação de sua contratação, e é assim que você deve encarar. Uma nova página em sua história se inicia, e é você quem começará a escrevê-la.

Uma vez iniciando na nova empresa, seu foco deve estar centrado na produção de resultados, na construção de um sólido relacionamento com seus pares, subordinados e superior. Lembre-se, porém, de que seu crescimento não depende apenas desses fatores. Outras pessoas na organização, além do seu chefe, precisam saber dos resultados produzidos por você. Isso porque o processo de recrutamento interno, que na maioria das vezes representa uma promoção, não está centrado apenas em seu chefe. Quanto maior a organização, mais complexo o processo e mais pessoas são envolvidas.

Quando surge uma oportunidade interna na organização, os gestores envolvidos na seleção e indicação de potenciais candidatos vão recomendar aqueles que tenham competências e potencial de crescimento. Os candidatos são aqueles que os gestores conhecem e que, acreditam, poderão fazer um bom trabalho. Imaginemos, por exemplo, que uma vaga de gerente de marketing surja na empresa. O diretor de marketing, a qual essa posição se reporta, sendo o "dono" da vaga terá o bom senso de consultar seus pares para recolher indicações. Em sã consciência, nenhum diretor tomará para si a responsabilidade de promover um funcionário sem consultar seus pares e até mesmo, em alguns casos, seu próprio chefe. Isso porque ele sabe que, para que esse funcionário possa realizar um bom trabalho, precisará de apoio de seus pares de outros departamentos. Surgirá, então, uma lista, com cinco ou sete nomes de profissionais altamente valorizados, cujos desempenhos foram validados. O diretor, então, de posse da lista, reúne seus pares para que todos, de comum acordo, apontem aquele que ocupará a vaga.

Nessa reunião, o diretor inicia um processo de apresentação de cada um dos candidatos. Invariavelmente, nessas reuniões alguns candidatos não são conhecidos por todos os diretores. Por exemplo, se o diretor de marketing apresentar seu candidato (em geral o primeiro da lista), apontando suas realizações passadas e principais características de relacionamento, seu potencial de crescimento, entre outros aspectos, vai querer ouvir a opinião do diretor financeiro, do diretor de recursos humanos e do diretor industrial, ou seja, de todos os participantes dessa reunião. Então, caso o primeiro candidato não seja conhecido por alguns dos diretores, e não havendo, portanto, uma unanimidade, é provável que a avaliação passe para o segundo candidato. Se esse candidato for conhecido por todos, é muito provável que seja aprovada sua promoção pelo diretor de marketing, visto que, como dissemos, ele necessita que todos os seus pares o apoiem nas atividades em marketing do novo funcionário, que estão inter-relacionadas com as dos outros departamentos. Observe que, neste exemplo, o primeiro da lista não foi aprovado por não ter tido a oportunidade de ser conhecido por outros diretores que têm o poder de influenciar sua carreira.

Eu lhe pergunto: "Como ser o primeiro nome da lista?". Não estamos falando de indicações por mero paternalismo ou por outras formas. Aqueles que fazem parte da lista são, por razões comprovadas, os melhores que a empresa possui naquele momento, aqueles que fizeram por merecer e trabalharam duro para chegar lá. E respondo: "Você precisa ser conhecido pelo maior número possível de pessoas que tenham o papel de influenciar sua carreira na organização". E como fazê-lo? Por meio do *marketing pessoal*.

Esse termo já teve uma conotação pejorativa. Era sinônimo de meios não necessariamente louváveis de que uma pessoa se valia para se promover. Mas o conceito vem mudando, e marketing pessoal é o que os profissionais devem fazer para se posicionar no "radar interno" das organizações. A arte de fazer um adequado marketing de suas principais realizações torna-se fundamental para crescer na organização. Sua condução exige dedicação e disciplina. Vejamos algumas formas que poderão ajudá-lo nessa atividade.

Todos os dias em que chega ao estacionamento da empresa e pega o elevador, você se encontra com dezenas de outros funcionários, com a mesma rotina que a sua. Cumprimentam-se, sem muito entusiasmo, principalmente quando não se conhecem; sabem, quando muito, em quais departamentos trabalham.

Você almoça invariavelmente com as mesmas pessoas de seu departamento, não é? Utilize o almoço para conhecer outras pessoas de sua empresa. Caso trabalhe na área de marketing, convide um funcionário do departamento financeiro, do mesmo nível hierárquico que o seu, para almoçar. Afinal, vocês se conhecem, porque chegam ao escritório pela manhã no mesmo horário, e não haveria razões para que ele não aceitasse seu convite. Durante o almoço, fale um pouco do lançamento de produtos com os quais você está envolvido, ou mesmo do crescimento que a empresa vem atingindo em participação do mercado, do qual você participou na definição das estratégias. Com absoluta certeza, ele vai se interessar pelo assunto, uma vez que estão falando da mesma empresa e de temas de interesse comum, e provavelmente tem a oportunidade de saber de detalhes que desconhecia. Talvez ele fale também das atividades na área financeira que poderão ajudá-lo a ter uma visão mais ampla das atividades da empresa, contribuindo para seu próprio trabalho.

Se puder, reserve um ou dois almoços por semana para conhecer novos colegas de trabalho, de outras áreas. Você vai se surpreender com a quantidade de informações que receberá de outras áreas, e como seu conhecimento sobre a empresa e seus negócios será amplo.

Se estiver na área de marketing, por exemplo, você poderá sugerir ao departamento de recursos humanos, responsável pela publicação do jornal da empresa, que inclua um breve artigo ou notícias, preparados por você, sobre o mercado e o desempenho dos produtos da empresa. Acredite, os gestores de comunicações e de recursos humanos agradecerão sua contribuição.

Outra dica é participar dos famosos *task forces*. Em todas as empresas há situações que exigem a criação de equipes, cujo objetivo é resolver determinados problemas que saem da rotina. Por exemplo, o elevado índice de inadimplência exige que a empresa tome medidas imediatas para sua solução. Nesse caso, os funcionários do departamento financeiro, responsáveis pela gestão do crédito, já estão sobrecarregados com suas rotinas, porém o assunto precisa ser resolvido e, com isso, cria-se um *task force* ou força-tarefa. São eleitos e convidados funcionários de diversos departamentos, interligados com o problema, que podem contribuir com uma análise e solução ou se envolver na implantação da solução proposta. Ofereça-se a participar. Sei que isso representa trabalho adicional, pois suas tarefas deverão continuar sendo executadas por você. Para participar do grupo, utilize um número maior de horas de seu dia. Vale a pena, a começar pelo fato de que a maioria dos funcionários procura fugir desses compromissos, pois enxergam a situação como trabalho a mais pelo mesmo salário. Você será muito bem visto pelos dirigentes. Sua contribuição poderá ser de maior ou menor valor, dependendo do que traz para o grupo, porém o fato de participar fará toda a diferença. Com isso, outros funcionários da empresa terão a oportunidade de conviver e partilhar dos desafios com você (e você com eles) e, com isso, você estará construindo sua imagem num novo grupo.

Outra forma de expor-se é participando de eventos beneficentes organizados pela empresa. É uma atividade que requer tempo e dedicação, porém é uma excelente forma de compartilhar valores com seus colegas de trabalho. Nesses eventos, você pode participar como organizador, membro atuante ou como simples parceiro das atividades criadas.

Essas alternativas levam você a se aproximar de um número muito grande e diverso de colegas de trabalho, gestores e até mesmo de pessoas fora da empresa, o que alavanca seu *networking* e potencializa sua carreira na organização.

Capítulo 7

A competência societal

Sabemos que as competências individuais são nosso principal ativo, que oferecemos às empresas em troca de uma remuneração.

Há muito as competências vêm sendo alvo de estudos de pesquisas e de estudos das próprias organizações, visando a sua compreensão e ao desenvolvimento e aprimoramento dos funcionários. Competências como iniciativa, dinamismo, facilidade de comunicação, facilidade para lidar com números, raciocínio rápido e bom humor vêm sendo aprimoradas e ampliadas em novas competências, como relacionamento individual, liderança, visão estratégica, trabalho em equipe, administração de conflitos, visão de negócios na tomada de decisão e orientação para resultados. Porém, uma nova competência vem chamando a atenção de estudiosos organizacionais – a competência de relacionamentos sociais ou competência societal.

A preocupação com a transparência no diálogo com os grupos de interesse surgiu com os princípios de desenvolvimento sustentável na gestão diária das organizações e os escândalos recentes de gestão fraudulenta em grandes organizações norte-americanas. Esse fundamento reside no reconhecimento de que o sucesso de uma organização depende também da forma como ela se relaciona com a comunidade em que atua. Todas as organizações possuem grupos de interesse distintos e, não necessariamente, idênticos para todas. Nesses grupos estão os acionistas, os fornecedores, os trabalhadores, a comunidade local, o governo e os clientes. Com isso, surge uma nova variável decisiva para a criação de valor empresarial – as redes de relações com os *stakeholders*, que assumem um valor estratégico.

As razões de essas redes de relações serem fundamentais para o sucesso das organizações podem ter origem na pressão exercida pelos investidores, pela sociedade civil ou por grupos de clientes que não queiram, por alguma razão, comprar os produtos oferecidos pelas empresas. Essas pressões podem ser traduzidas em riscos para as operações e ser minimizadas caso as empresas optem por criar e manter um estreito canal de comunicação com os grupos de interesse.

É pela atuação dos gestores que as organizações estabelecem os parâmetros e mantêm as redes de relacionamento com os grupos de interesses. Os gestores têm o papel de prover liderança e gestão, de forma transparente e ética, conduzindo suas organizações para posições de mercado mais sólidas e construindo bases para o crescimento futuro. É fundamental que possam realizar seus trabalhos de maneira a atender ao crescente imperativo social neles depositados e nas empresas que dirigem, partindo de uma relação de confiança com os *stakeholders*. A sociedade, nesse sentido, espera das organizações não apenas produtos e serviços que venham a atender a suas demandas, mas também uma postura ética, confiável e de interação com o meio em que atuam. Deixam de ser vistas como apenas organizações voltadas para o lucro a qualquer preço e passam a ter de responder às pressões sociais por sua parcela de contribuição. A busca de maior transparência, que transmite maior confiabilidade da política das empresas, parece um crucial catalisador no avanço nas organizações. Se a política das empresas advém da maior transparência, ela é alcançada por sua atuação, como gestor, para preservar os direitos dos *stakeholders*, uma vez que a política da boa governança tende a reduzir o custo social e a aumentar a credibilidade das ações resultantes das tomadas de decisões.

As empresas, por meio de profissionais como você, devem tomar decisões que estejam alinhadas com todos os grupos de interesse ou indivíduos, que podem afetar ou serem afetados pelas atividades da empresa. A capacidade de uma empresa produzir riqueza sustentável ao longo do tempo é determinada por suas relações com os diversos públicos de interesse. A organização é definida como uma entidade socioeconômica construída para gerar riqueza para os diversos grupos de interesses. Como gestor, você deve concentrar-se em manter a solução de problemas e a tomada de decisão, porém sem a polarização entre os envolvidos, ou mesmo soluções de ganha-perde.

Por isso as empresas esperam que os gestores tenham competências que não sejam puramente técnicas, mas societais ou de relacionamento coletivo por natureza. A capacidade de desenvolver e sustentar relacionamentos saudáveis, que se traduz em respostas à assimetria de interesses entre os *stakeholders*, é uma importante responsabilidade dos profissionais e um fator preponderante. Ela depende da habilidade do profissional de tomar decisões e implementar estratégias que levem em consideração os indivíduos que são, ou podem ser, afetados pelas realizações e alcancem os objetivos organizacionais.

Portanto, diante desse cenário, espera-se que profissionais como você reúnam competências funcionais, baseadas em conhecimentos técnicos e de gestão, que garantam o crescimento das organizações, como também competências de relacionamentos coletivos, que permeiam a inter-relação entre todos os grupos de interesse ou interessados nas empresas. Com isso quero dizer que as empresas são organizações socioeconômicas construídas para criar riquezas para os diversos constituintes, que tem interesses assimétricos e conflitos potenciais entre si. Seu papel, como gestor, então, é de assumir com responsabilidade a manutenção do equilíbrio de forças entre os diversos interesses, mantendo e garantindo riqueza sustentável, tornando-se um verdadeiro desafio para este, o reconhecimento dos interesses mútuos entre as organizações e os *stakeholders*.

Em meus contatos profissionais, tenho claro que no processo de tomada de decisão os gestores estabelecem uma hierarquia entre os grupos de *stakeholders*, mantida em todos os processos decisórios, sem resultar nos mesmos grupos de *stakeholders* para cada evento isoladamente. Significa dizer que, quando confrontados com uma situação que os obrigue a uma tomada de decisão, os gestores identificam os *stakeholders* envolvidos no evento específico e restringem-se a eles. Como os eventos ocorrem constantemente, alterando o cenário da tomada de decisão, a hierarquia varia conforme cada situação, mas o processo de priorização se mantém. Porém, em antecipação ao processo decisório, há a busca de um consenso, um pacto antecipado, entre os *stakeholders* envolvidos nos eventos (e apenas eles), para garantir que as demandas sejam acordadas entre todos os envolvidos. Dessa forma, o processo de tomada de decisão é construído para atender a um mínimo das suas expectativas.

Se, por um lado, a hierarquização entre *stakeholders* é um processo condicionado à avaliação dos impactos que terão com a decisão tomada, com a escolha de quais farão parte do grupo, a possibilidade de eliminar a demanda de um *stakeholder* pode ser considerada como parte do processo de hierarquização. E aí há um equívoco do gestor. Quando o profissional percebe que não poderá atendê-la, ou ainda que a própria demanda é um empecilho que dificulta a tomada de decisão, ele a elimina do processo. Como são considerados apenas os *stakeholders* envolvidos no evento, não há um processo de interação com todos os demais grupos, baseado numa comunicação que construa um entendimento recíproco e uma base de compromisso que garantirão o sucesso das ações desenvolvidas em conjunto.

Diante disso, os gestores não atuam na lógica de serviços, o que resultaria em modificar as condições de negociação com os grupos de interesse. Ao não considerarem o conjunto dos *stakeholders* nos processos de tomada de decisão, ao ignorarem suas demandas, os gestores comprometem sua competência societal e, por consequência, a gestão da empresa. A eliminação das demandas de *stakeholders* não envolvidos nos processos decisórios não caracteriza a mobilização da competência societal por parte dos profissionais, pois é de responsabilidade deles atender a essas demandas e buscar o equilíbrio nos processos de tomada de decisão.

Em minhas avaliações de profissionais noto que o superior imediato é o principal *stakeholder*. Esse fato pode ser expresso pela preocupação do profissional em manter sua posição na estrutura da organização, uma vez que esse grupo reclama para si a maior fatia na distribuição dos recursos, de forma a atender a suas demandas em particular, em detrimento das demandas dos demais grupos envolvidos.

O processo de ouvir as demandas dos diversos *stakeholders* inclui requisitar e considerar informações acerca do moral dos funcionários da organização. Com esse propósito, os gestores devem monitorar formalmente as relações entre os funcionários e a organização, o que compreende visitas aos locais de trabalho. Porém, o único documento formal que tenho visto e que avalia o moral dos funcionários utilizado pelos gestores é a pesquisa de clima, conduzida pelas áreas de recursos humanos das organizações. Utiliza-se esse instrumento formal de pesquisa para "medir a temperatura" do ambiente, como declarado por um profissional que entrevistei da área de recursos humanos. Essa ação pode significar que os gestores estão muito mais preocupados em não deixar que as reivindicações dos funcionários atinjam níveis elevados do que em implantar canais de comunicação de mão dupla, de forma a garantir que suas demandas sejam ouvidas.

Iniciativas como a "caixinha de sugestões" e "política de portas abertas" foram mecanismos de comunicação citados pelos profissionais em meus contatos como formas de relacionamento. Elas possuem um tom mais discursivo do que prático, por isso fracassaram. Imaginar que os gestores poderiam manter a porta da sala aberta para uma massa de funcionários com uma lista de reivindicações seria de uma ingenuidade atroz. Ingenuidade maior seria considerar que os funcionários não soubessem desse fato, o que resulta numa baixa frequência nas visitas. Essa política pode atender à missão esposada da organização, porém não se torna um canal prático de comunicação com os funcionários e acaba se reduzindo à possibilidade de comunicação e não a comunicação em si, como afirmamos anteriormente. O sentido que os gestores atribuem à palavra "comunicação" com os funcionários, sua ação de abertura e transparência, não representa uma genuína competência societal.

Da mesma forma, as visitas constantes aos postos de trabalhos, seja por parte dos gestores, seja por sua equipe, com o objetivo de ouvir as demandas caracterizariam uma manifestação da competência, desde que não regulares e constantes. Mas não é bem isso o que ouço em minhas conversas com profissionais.

Os processos de identificação das demandas dos *stakeholders* envolvidos nos eventos são informais, e a preocupação por parte dos gestores em compreendê-las está fortemente apoiada na competência de relacionamento interpessoal. Esses processos se sustentam na confiança, por parte dos gestores, de que apenas com um bom relacionamento pessoal os *stakeholders* vão expressar clara e francamente suas demandas, contentamentos e descontentamentos. Essa característica informal, de contato com determinados grupos de interesse, refere-se à habilidade de lidar com relacionamentos interpessoais, como resultado de percepção realística de situações interpessoais e de habilidades específicas comportamentais. A competência societal depende da capacidade do gestor de ser sensível ao ambiente, de compreendê-lo, de decifrar e entender as entrelinhas das manifestações das pessoas, para agir de acordo com a situação, lidar e comandar de acordo com os perfis, o momento e o evento em questão.

Observa-se, para essa competência, a necessidade de os profissionais atentarem para o microssituacional, a microdinâmica dos indivíduos e do ambiente. Sensibilidade e conhecimento são as palavras-chave que demonstram uma busca individual de indícios que apontem o caminho a ser seguido nesse jogo de equilíbrio de interesses. O cuidado na relação e a pessoalidade de condução do processo fazem as ações dos gestores, de negociação de interesses, se estabelecerem por vias individualizadas e assistemáticas. Não representam mecanismos de negociação mais coletivos, em que há a participação de todos os envolvidos e, portanto, com maior potencial de obter equilíbrios entre os diversos interesses.

A estratégia adotada pelos gestores na disputa de interesses é sempre de não confronto. Eles procuram influenciar os *stakeholders* com ações laterais, não diretas, que se revelam eficientes e evitam grandes desgastes nas relações. Essa dinâmica, muito peculiar no meio corporativo, possui uma conotação importante quando se discutem competências societais, pois os gestores remetem sempre suas ações a estratégias particulares e individuais e à luta isolada, não abrem espaço para uma ação mais consistente que permitiria construir canais formais de aproximação com os diversos grupos de interesse.

Quando pergunto aos profissionais sobre a forma como ouvem os diversos grupos de interesse, eles afirmam que realizam reuniões formais, periódicas ou não, como meio de ouvir as demandas dos grupos de interesse, sejam de clientes, fornecedores, governo ou representantes das comunidades, entre outros. Porém, como nessas reuniões discutem-se os problemas relativos à condução dos negócios e das atividades profissionais, elas não podem ser consideradas um canal formal de relacionamento, uma vez que fazem parte do escopo de atividades de um gestor.

Não se criam comitês nem forças-tarefas, compostas por membros de diversos níveis, para garantir que os interesses de todos os envolvidos estivessem sendo observados e explicitados. Vejo que tampouco os gestores têm participado de reuniões em que a atenção explícita seja para as preocupações dos grupos constituintes ou para as populações atendidas pela organização, principalmente quando essas não estão envolvidas diretamente no processo de tomada de decisão.

Mesmo os relatórios de atividades formais, preparados pelos gestores periodicamente e encaminhados aos superiores, não podem ser considerados um canal formal, pois reportam os resultados alcançados com suas decisões, daquilo que já ocorreu, não visam a identificar as demandas dos constituintes, ou seja, daquilo que ainda está por vir.

A mobilização de uma competência societal passaria pela necessidade de sensibilização das pessoas da organização sobre as necessidades dos grupos de interesse, pelo desenvolvimento de uma visão holística e não departamentalizada de negócios e de uma ação empreendedora. Mas na prática não é isso o que ocorre, um indicativo de que os gestores pouco operam pela lógica do *stakeholder*. Porém, como procuro apontar aqui a lógica das competências societais, faz-se necessária uma reformulação do comportamento desses gestores. Há que se assumir uma gestão mais participativa, que leve em conta não só os interesses, mas os impactos no outro, das decisões que se toma. Se a ideia de grupos de interesse tem um sentido restrito a um evento, dependente da situação, a competência de relacionamento societal não vai se desenvolver.

Quando abordo nas avaliações de profissionais os problemas enfrentados no dia a dia, percebo que eles exigem soluções imediatas, e o fato de os gestores se restringirem aos *stakeholders* envolvidos diretamente no evento, sem se preocuparem em ouvir os demais constituintes, torna-se o *modus operandi* em todas as demais decisões. Imprevistos são constantes na vida do gestor em posição de comando, pois o tempo conspira contra eles, e os recursos disponíveis são geralmente insuficientes.

Ao observarmos os dilemas enfrentados pelos gestores, percebemos que o tempo é primordial na busca de uma solução que observe as demandas dos *stakeholders* envolvidos, bem como seja a melhor no momento. É compreensível, mas não justificável, que uma análise mais profunda, visando a conhecer e considerar as demandas de todos os *stakeholders*, seja para os gestores uma tarefa de difícil consecução pela simples pressão temporal. Temos aqui, então, um dilema que o gestor enfrenta entre a necessidade de entendimento do cenário, de busca de consenso e o tempo que o pressiona à decisão. O nível de pressão e a busca incessante de resultados de curto prazo são causas muito prováveis para as manifestações de descrédito sobre a viabilidade de atender aos múltiplos interesses dos grupos de *stakeholders*.

Quando somados à pressão por resultados, o processo de hierarquização que os gestores adotam nas tomadas de decisões potencializa os conflitos, uma vez que não há a observância das demandas de todos os *stakeholders*. As soluções encontradas pelos gestores nem sempre caracterizam a mobilização da competência societal, pois pode revelar-se competente para os objetivos da organização, mas a ação *per si* é incompetente e fracassa na busca do equilíbrio dos interesses dos diversos grupos envolvidos.

Mas as pressões desses grupos não são iguais em todos os momentos, e o destaque atribuído a um grupo de *stakeholder* pode ser definido tanto pelo poder que ele exerce na organização quanto pela urgência da demanda naquela situação ou mesmo sua própria legitimidade. No caso dos funcionários, o poder que exercem é muito limitado, por receio de perderem o emprego, e o dilema se instaura quando o gestor tem de decidir a qual grupo agradar, aos funcionários ou aos acionistas, ou com qual vai criar atrito. Novamente, em se tratando de competências societais, a questão não é só com quem "arrumar confusão", mas por qual motivo.

Como a maioria dos profissionais que entrevistei trabalha em organizações multinacionais, a falta de liberdade de buscar soluções que atendam às características locais dos negócios, sem estarem atrelados às regras e aos procedimentos das matrizes que, algumas vezes, não atendem às necessidades locais, torna-se outro dilema e restringe a liberdade de atuação, tanto para atingir resultados como para atender ao equilíbrio dos diversos interesses. Não basta estar atento e ser sensível aos diversos interesses dos grupos de *stakeholders*. Ter cerceada a liberdade de buscar as soluções mais adequadas pode conduzi-los a decisões que potencializam os atritos e esmaece a confiança na organização.

Aos gestores cabe apoiar relacionamentos saudáveis, mantendo uma comunicação formal e de mão dupla com todos os *stakeholders*, representados pelos grupos que contribuem com o sucesso das organizações, primários ou secundários, garantindo que seus interesses estejam sendo devidamente atendidos, agindo com respeito à integridade do processo de gestão, bem como da legitimidade, dos papéis e interesses dos *stakeholders* nos eventos diários.

Todos esses elementos fazem parte das habilidades políticas, que são essenciais para uma efetiva gestão e permitem aos profissionais, como você, compreender e equilibrar múltiplas demandas dos diversos grupos de interesse, fazendo com que cheguem a soluções que sustentem a imagem das organizações por meio de todos os *stakeholders*.

Mas como ouvir todos os grupos? É pelos canais internos de comunicação, restritos aos funcionários da organização, e pelos canais abertos com as comunidades externas à organização que você pode identificar e compreender as demandas dos diversos públicos. Essa compreensão torna-se vital para que a empresa tome decisões que permitam a prestação de serviços a essas comunidades e a manutenção da confiança nela.

Otimizar o valor dos grupos que têm interesse na organização ainda deve ser imperativo. Ao lidarem adequadamente com os grupos e reconhecerem o impacto mais amplo que um negócio traz em termos econômicos e sociais, as organizações protegem-se de potencial publicidade negativa, que afeta a performance no mercado. Quando as organizações balanceiam a atuação com os diversos interesses, diretos ou indiretos, estará em melhor posição para crescer e acessar novos mercados. Esse é o papel da empresa, ou seja, mapear e engajar os *stakeholders* para a construção da confiança e estabilidade em longo prazo, garantindo o lucro tão almejado. Por outro lado, existe a interdependência de interesses entre os diversos grupos e nenhum pode ter a mesma importância que o outro. As empresas, então, priorizam esses grupos. Maximizar o valor do *stakeholder* e criar mais valor para a organização é absolutamente essencial, mas tenho visto que essa máxima não é bem compreendida pelos gestores como fator crítico para o sucesso.

Não se pode negar a importância da dimensão política da competência dos gestores; mas não se pode esperar, ingenuamente, que um gestor, imerso numa sociedade por si só conflituosa, desigual e plena de assimetrias de poder, consiga corrigir problemas ocasionados pela desigualdade social. Por mais virtuosos que possam ser gerentes, diretores e presidentes, eles não escapam aos constrangimentos estruturais em que vivem na organização.

Essa constatação não serve, porém, de justificativa para desistir ou esquivar-se de encontrar soluções melhores para enfrentar as contradições do mundo corporativo. Como desenvolver, então, a capacidade de enfrentamento na busca de respostas a questões de natureza política?

Acredito que tenha feito você refletir sobre esse importante assunto e criado a preocupação em saber se possui essa competência. Para que você se avalie, posso sugerir que responda a duas questões fundamentais: "Até que ponto eu aceito, como uma de minhas primeiras responsabilidades, a necessidade de desenvolver e manter relações saudáveis entre os *stakeholders*?" e "De que forma eu conduzo essa responsabilidade?".

Melhor seria então lhe apresentar algumas ações que poderá conduzir em seu dia a dia, já na nova empresa. Crie comitês, compostos de níveis hierárquicos diferentes para ouvir suas principais demandas ou mesmo reclamações. Nessas reuniões, busque ouvir atentamente todos os participantes, garantindo que eles tenham suas demandas expostas. Quando tomar uma decisão, saiba que ela sempre impactará todos os grupos, em intensidades diferentes, então, comunique sua decisão antes de concretizá-la, de forma a não ser surpreendido com manifestações contrárias ou de desagrado. Não quero dizer com isso que deva encontrar soluções que atendam a todas as demandas, até porque é impossível, mas comunique as razões que o levam a tomá-las de forma a ser compreendido e, assim, mantenha uma relação franca e transparente. Caso você preveja que algum grupo será impactado de modo negativo, busque certificar-se da dimensão que terá esse impacto antes de tomar a decisão e seja proativo em comunicar sua ação. Identifique os líderes dos grupos de *stakeholders* para iniciar um trabalho de aproximação e construção de relacionamentos e certifique-se de que todos foram elencados apropriadamente. Tome o tempo necessário para definir **o que** deverá ser decidido, porém dedique o mesmo tempo ao modo **como** tomará a decisão. Confira o moral de sua equipe e busque avaliá-lo periodicamente, mantendo reuniões curtas, com o objetivo específico de identificar as motivações dos participantes. Finalmente, reporte com regularidade a seus superiores suas preocupações em relação aos grupos que são afetados por suas decisões.

A dimensão política da competência, no plano individual, refere-se à capacidade dos gestores de observar as implicações da tomada de decisão e de desenvolver uma série de mecanismos e tecnologias de gestão que permitam balancear múltiplos interesses, como os mencionados. Trata-se da capacidade de criar condições de participação mais plenas e amplas dos grupos de interesse, bem como da habilidade de enfrentar dilemas éticos, minimizando, prevenindo e lutando contra assimetrias de poder.

O desenvolvimento de tal competência depende, porém, de um processo de reflexão, de exercício de equilíbrio, que só vai ganhar força no momento em que os profissionais revirem o significado, para eles, da relação com *stakeholders*.

Só o avanço dos movimentos de pressão de grupos de interesse e sua iniciativa própria vão provocar essa mudança de significado, além do próprio exercício de equilíbrio daqueles que têm o papel de conduzir as atividades empresariais para uma gestão mais democrática.

Capítulo 8

Mensagem final

A busca de um novo projeto de carreira, ou novo emprego, pode levar algum tempo. As estatísticas norte-americanas, de certa forma similares às nossas, mostram que fatores como idade e salário têm influência direta no tempo para encontrar um novo emprego. Esse tempo varia de 20 semanas, para profissionais entre 25 e 34 anos, a 30 semanas, para profissionais entre 35 e 50 anos, com rendimentos anuais em torno de R$ 200 mil ou acima, normalmente já mais seniores. Devemos considerar que essas estatísticas baseiam-se em pesquisas realizadas com profissionais, em sua grande maioria, em transição de carreira, que utilizam meios comuns de busca de um novo emprego, ou seja, envio de centenas de currículos de forma aleatória, com longas horas de navegação na internet, sem saberem como conduzir esse processo de modo adequado. Não admira que levem tanto tempo para encontrar.

Não existem estatísticas que mostrem o tempo que um profissional, que estabelece um planejamento para sua transição, como abordamos neste livro, leva para encontrar seu emprego ideal – "o" emprego. Minha experiência com esse tipo de profissional, no entanto, mostra dois fatores relevantes: o tempo que se leva para encontrar um novo emprego e a permanência nele. O tempo é influenciado pelo volume de contatos no mercado, ou seja, quanto mais contatos semanais na rede, maior a atração de oportunidades encontradas nesse meio. A permanência no novo emprego está diretamente ligada ao maior ou menor grau de equivalência entre as características da nova empresa e as definidas no desenho de sua empresa ideal.

Estatísticas são para estatísticos. Você, como profissional, talvez não um estatístico, deve concentrar-se naquilo que é importante para sua transição e não se basear nelas. Construa sua própria estatística!

Abordamos os fatores que representam dificuldades em seu processo de forma a apresentar-lhe alternativas para contorná-las e fazer com que você atinja seus objetivos de modo eficiente. Não falamos, porém, de um elemento importante, que pode impedi-lo de alcançar seus objetivos: o desânimo.

Existem diversos fatores que podem causar o desânimo. Podemos defini-lo como uma conseqüência de algo muito difícil que fazemos por um período muito longo. O problema não reside no fato de ser uma atividade difícil, mas no tempo em que ficamos expostos a ela. O fator mais relevante é o de origem emocional. Quando estamos em busca de um novo emprego, as dezenas de negativas que encontramos pelo caminho nos deixam deprimidos e abatidos, pois representam rejeições. Ninguém quer se sentir rejeitado, mas o processo de transição expõe a essas negativas – temos de admitir. Além disso, caso não tenha deixado a última organização por iniciativa própria, o profissional se sente sem identidade, mais do que apenas sem o emprego. O nome da empresa quase substituíra seu próprio sobrenome: "Sou Fulano da Empresa Tal" – uma verdadeira identidade – e, agora, quando lhe perguntam, não sabe exatamente quem é.

Você já notou que, em todos os encontros sociais, quando você é apresentado a alguém, logo lhe perguntam o que faz? Num momento desses, muitos se sentem constrangidos por não estarem empregados. Esses fatores vão se acumulando durante o processo e tornam-se fortes catalisadores da depressão.

Você não tem como acabar com a depressão, mas pode controlá-la, e só depende de você. Saiba que, em qualquer processo de transição, o poder é seu. O poder de mudar a maneira como vê os problemas em sua vida. Este é apenas mais um que você deverá resolver; surgirão outros, pois assim vivemos a vida. Surge um problema atrás do outro, e, por meio da criação de soluções, crescemos como seres humanos e profissionais.

Olhe para frente e encare o que deve ser feito. Não se concentre nas negativas, mas nas histórias de sucesso que criou e que estão listadas em sua avaliação de perfil no Inventário de Realizações. Os objetivos alcançados e conquistas realizadas são seu verdadeiro eu. E é isso que você representa para o mercado corporativo. O fato de estar em transição de carreira não desvaloriza suas conquistas; pelo contrário, é o momento ideal de valorizá-las, rever seus planos e inventariar suas competências, desenhando um plano para fortalecê-las e direcionando seus esforços na conquista de uma posição na empresa para qual deseja trabalhar. Você está diante da possibilidade de corrigir passos inadequados feitos anteriormente e posicionar-se de forma mais consistente na nova empresa.

Procure não ficar sozinho por muito tempo durante seu processo. Compartilhe suas dúvidas com amigos e familiares, encontre tempo para fazer exercícios, pois ajudam a reduzir o estresse e manter uma aparência saudável. Acima de tudo, seja otimista. O mundo não foi feito para aqueles que veem apenas o copo meio cheio, mas sim para os que o veem meio vazio e com muitas possibilidades de completá-lo.

Quando estiver olhando para os edifícios comerciais espalhados pela cidade, acredite que em algum deles está uma oportunidade de um novo emprego, numa nova organização, com muitas pessoas com quem gostaria de relacionar-se, com objetivos desafiadores que gostaria de ter e que, alcançados, o ajudarão a crescer como profissional, com a cultura e os valores de que compartilha, num ambiente colaborativo e justo. Simplesmente, acredite e construa sua própria estatística!

Acima de tudo, em seu novo emprego, seja ético. O que está faltando em muitas organizações são dirigentes comprometidos com a construção em longo prazo de organizações autênticas. Casos como os da Enron e da Arthur Andersen, para citar alguns, são exemplos de que ladrões corporativos existem na busca de recompensas pessoais em detrimento de interesses de todos os demais grupos envolvidos com a organização.

Tenho plena convicção de que a maioria dos gestores está comprometida com a transparência e uma gestão honesta, com real interesse de desenvolver a organização, de modo que possa participar do crescimento da sociedade, a começar pelo crescimento dos próprios funcionários. Podemos inferir que as pressões por resultados trimestrais, aqueles que são apresentados ao mercado acionário, sejam motivos que levem executivos a fraudar suas companhias, com o intuito de elevarem o preço de suas ações e beneficiarem-se com isso, reduzindo investimentos de longo prazo. Mas estamos falando aqui dos valores pessoais desses profissionais. O lucro a qualquer custo, a exposição na mídia em capas de revistas de negócios, a idolatria pela posição ocupada e todas as benesses que a acompanham jamais deveriam servir de justificativa para violar seus valores pessoais. Espelhe-se em grandes líderes como James Burke, da Johnson&Johnson; Walter Wriston, do Citicorp; John Whitehead, da Goldman Sachs; David Packard, da HP; Jack Welch, da General Electric; Antônio Ermírio de Moraes, da Votorantim. Essas pessoas não apenas construíram grandes organizações como lideraram, e alguns ainda lideram, discussões de questões sociais, envolvendo-se e contribuindo com toda a sociedade no verdadeiro papel de um dirigente.

Quando você estiver numa posição similar à deles, e espero que tenha realmente colaborado com este livro para sua trajetória em direção ao topo, tenha a oportunidade de contribuir, com seu trabalho, para uma causa que valha a pena, de fazer a diferença no mundo, de encontrar o equilíbrio entre os diversos papéis que assumimos na vida e, acima de tudo, de trabalhar para uma empresa em cujos dirigentes confie e com os quais compartilhe valores.

Desejo-lhe muito sucesso!

Contato do autor:

samiboulos@editoragente.com.br

Este livro foi impresso pela Prol Gráfica
em papel *offset* 90 g.